JN206252

裏カジノディーラー

Underground Casino Dealer
Text by Yoshiaki Tamura

田村佳彰

彩図社

プロローグ

九〇年代半ばからカジノバーやアングラカジノを三〇～四〇店舗渡り歩いてきた。一介のディーラーとしてだけではなく、新規店の立ち上げや既存店の立て直しなども行い、稼業の人間の直営店で働いたり、客をハメる仕事ハウスに勤めたこともあった。

華やかなカジノの世界には非日常を求める博打好きが集まる。だが、その世界で生き残れる人間はそう多くはない。皆、自分の内側に渦巻く欲望の業火に焼かれて、その身を焼き尽くしてしまう。

本書では自分がカジノの世界で経験した出来事を赤裸々に記した。固有名詞や店舗の場所、エピソードの細部などについては多方面に迷惑がかかることを考慮し、一部を変更したが、カジノの実情を生々しく活写したものになっていると思う。カジノディーラーとしてこの道に入るところから始まり、青春と共にカジノで過ごした最も濃密な約五年間を業界のタブーを恐れずに書いた。

夜な夜な繰り広げられる狂乱の鉄火場——それを彩るのは、派手な水商売風の客やイカサマをしかけようとしてくるマジシャン、バックのためならエゲつないことをする客引き、手を付けてはいけない金に手を付けた客、脛に傷を持つ黒服やケツ持ちの存在を匂わせるオーナー、店の奥に見え隠れする稼業の人間などだ。一般社会からすれば〝特殊〟な世界に見えるかもしれないが、カジノに足しげく通っていた客や店側の人間にしてみれば、多くの者が似通った現場に遭遇しているだろうし、懐かしさを覚える人もいると思う。

時は経ち、現在、裏カジノは一時の盛況さを失っているように見える。しかし、今でもたった一回のバカラのゲームに数百万円のベットをし、命懸けでカードを絞っている客はいるし、一般の客をオーナーに立てて金を搾り取る〝オーナー食い〟のような手口も横行している。カジノが放つ妖しげな光が誘蛾灯のように人々を引き寄せていることには変わりはない。決してそれは裏社会の人間というだけではなく、大王製紙の元会長や元狛江市市長、リオ五輪代表候補だったバドミントンの選手など、多種多様な人間を引き寄せる魔力があることは世間を賑わしたニュースからも明らかだ。

本書を読んだ読者の方が、カジノの魅力に取りつかれて身を焼き尽くすことになるか、それとも絶対に近寄ってはならない世界だと誓いを立てるか。筆者の立場から保証することはできない。

金、欲望、違法薬物、女、焦燥、暴力、絶頂と絶望、それらが渾然一体となって煮詰められたカジノの世界を堪能していただければ幸いである。

裏カジノディーラー $ 目次

第一章
ディーラーデビュー

1

「よっしゃ、カブ、引いた！　やっぱ後目だな」

西新宿にある賭場のおいちょかぶでは数字が大きい張り場所より〇や一などに張りゴマが集まる。七から二を引くより〇からの方が目が出やすいと信じられているからだが、本来確率的にはどの数字でも同じだ。しかし、この日はジンクス通りに小さい数字から目が出る場所は強かった。

賭場といってもただ博打好きが五、六人集まっただけの遊びで寺銭もない。ひと張り五〇〇円、一〇〇〇円くらいのレートでも一六歳の自分には親を張るのも命懸けでひり付く。先輩達に連れられてきたマンションの賭場には正体不明の大人が多く、泥棒を生業としている家主はいつもカモられていた。

「お前は身体が小さいから将来は競艇選手かカジノのディーラーになれ」

賭場では事あるごとにそう言われた。今思うとなんてことはない、ただ胴元サイドに送り込み、インチキさせようという魂胆だっただろうけれど、あまりにも熱心に言われたので脳裏に焼き付いた。

カジノと言われて海外のカジノを思い浮かべていたがある時それが変わった。地元のサウナで汗を流していると隣の中学で目立っていた同学年の奴と先輩が入ってきた。

「お前こんなところで何やってるの？」

同学年の奴に声を掛けられ、縮こまるのもかっこ悪いので意を決して答えた。

「閉店までパチスロ打って汗を流してるんだよ、お前は？」

「赤坂のカジノでディーラーやってて今日は寒くて店が閉まったんだ」

〝赤坂のカジノでディーラー〟という響きが大人の世界のように感じられた。詳しく聞きたかったが先輩の存在が恐ろしくて聞けなかった。日本のアングラカジノの存在をはっきりと認識したのはこの時だった。


高校を卒業する頃、近くの繁華街にカジノがあるという話を耳にした。そのカジノの前には屈強な黒人のドアマンが立っており、水商売が軒を連ねる地域でも異彩を放っていた。どうにかしてそのカジノの一員になりたいと一気に気持ちが盛り上がる。

卒業すると同時に履歴書を携え、開店前にドアを叩いた。黒人のドアマンはまだ立っておらず、中から出てきた切れ長の目をした三〇代半ばとおぼしき男に話しかける。

「ディーラーとして働きたくて履歴書を持ってきました」

皺一つないスーツに身を包み、よく磨かれた靴を履いた痩せ型の男は表情一つ変えない。

「誰かの紹介？」

「違います。地元なので知り合いからカジノがあると聞いて直接来ました」

答えると下から舐めるように全身を見られ、容姿や態度に不審な点がない地元の人間と思われたのか男の口角が上がった。

「突然来るとは面白いねぇ、責任者が二〇時に来るからその時間に来て。履歴書預かるよ」

軽く笑いながら言われたので二つ返事で「はい」と答えて履歴書を渡した。

「ありがとうございます」

頭を下げると印象は悪くなかったのか丁寧に見送られた。


一旦家に戻り、約束の時間の一五分前に再びカジノへ向かう。入り口には大きな黒人のドアマンが立ち塞がっていたが、既に話が通っていたのか「面接で……」と話す途中でドアが開かれた。入ると通路横がバーカウンターになっており、その奥にはカジノの世界が広がっていた。一〇メートル先は喧騒の真っ只中、ルーレットが行われている。

「さぁ、どうぞ」

ディーラーの掛け声と共に客が一斉に動き出す。

「チェンジ」

「これ25、29」

客も機敏にベットしながら声を出し、我先にと動く世界は鉄火場と呼ぶに相応しい。雰囲気に呑まれ立ち尽くしていると先程の切れ長の目をした男がこちらに向かってきた。

「とりあえずそこに座ってて」

言われた通りバーカウンターの真ん中の席に腰を下ろした。バーカウンターの中ではバーテンダーがこちらには目もくれずにグラスを念入りに磨いている。奥の席では男が一人腰掛け、その隣では遊び人風のカップルが愉しそうに話をしている。その先に見える華やかなルーレットは好奇心を刺激するが、気を取られてはならないとあえて目を向けず、酒棚にあるヘネシーの箱一点に視線を集中させた。

周囲の空気にやっと馴染み、緊張が緩んでくると心の中から〝絶対にここで働かせてもらうぞ〟と決意が沸き起こってきた。

「お前か」

数分後、面接官らしき貫禄のある声の太い男がおもむろに隣の席に座った。

「履歴書は見せてもらった。それでお前はどうやってこの店を知ったんだっけ？」

表情を読むことができない静かな目で一瞥され、再び緊張に覆い尽くされていく。

「地元なので知り合いからあそこの黒人が立っている場所はカジノだと聞いてきました」

怯まず正直に声を張り答えると地元だという言葉が少し相手をほぐしたようだった。

「ディーラーの経験は？」

「ありません」

目線は再び履歴書に移り、袖口から覗く眩い金無垢の時計や男のまとう甘い香水の香りに主導権を完全に奪われてしまいそうになるのをじっと堪える。履歴書を見ているのか考え事をしているのか、はたまたこの男の間合いなのだろうか、一五秒くらいの時間が途轍もなく長く感じられた。

「そうだな。真面目そうだし働いてもらうか。真面目にやれるか？」

一気に気持ちが弛緩していく。

「はい」

今度は声を張り過ぎないように答えた。男はこちらの返事に満足したように一つ頷いた。

「時給ははじめ一三〇〇円。働くじゃなくてこっちが教えてやることを忘れるなよ。随時時給は上げていくから、まぁ続けば一ヵ月で五〇円、一〇〇円上がると思っておけ。給料は月末締め一〇日払いで休みは週一。それ以上休むならシフトが出る前に言うこと、そこらへんはディーラーチーフに聞いてくれ。研修期間は六時オープンだが一時間早く来い、その分も時給は付ける。遅刻、無断欠勤はするなよ。何か聞いときたいことはあるか？」

舞い上がりそうになる中、男の言葉を一字一句聞き逃さないよう注意を払い答える。

「特にありません」

「ディーラーチーフ呼ぶから」

ゆっくりとした動作で近くのウェイトレスに顎をしゃくり、門田という人物を呼んだ。

「お前スラックスはあるか？　黒なら学生服の下でも構わないぞ」

返答する前にリスクのある仕事に似つかわしくない優しい顔の男がやってきた。面接官は男に言う。

「おい、門田。こいつに合うスラックスは余ってるか？」

「はい、いくつかあるので合うと思います」

中高と制服のない学校に通っていて持ち合わせがないので助かった。

「こいつ明日から働くことになった田村。いろいろ教えてやれ」

急いで席を立って頭を下げ、ディーラーチーフの門田に挨拶する。

「田村です。よろしくお願いします」

「門田です、よろしく。折角だから見て回ろうか、付いてきて」

カジノの場面が見られる。既に面接を通過し、このカジノの一員だという自負が胸に広がり、景色が鮮やかに見え始めた。門田の後に続き数歩進むと一気に視界が開け、ルーレット以外にも左に一台、右に三台のテーブルが目に入る。

「左がジャッキ（ブラックジャック）、ルーレットが三面とこの二台がミニバカラ。奥の一〇人掛けのテーブルが五点バランス（プレイヤーとバンカーの合計ベット額の差が五万円以内）のバカラだから」

稼働している台はルーレット二面とブラックジャックと五点バランスのバカラ。五点バランスのテーブルで客はこちらに一瞥もくれずゲームに没頭していた。まさに夢に描いた大人の社交場そのものの光景をずっと眺めていたいと感じる。門田は髪に一度手ぐしを通して言った。

「まぁ、とりあえずこんな感じだからおいおいね」

その時、新しいテーブルがオープンするようでディーラーの呼び込みが聞こえ、ウェイトレスがテーブルの周りでごった返す客に対応している。明日から念願のディーラーになる。興奮冷めやらぬまま店を後にした。


翌日、はやる気持ちで身支度を済ませて予定より早く家を出る。オープンの一時間四〇分前に到着し、鍵が開いていたので中に入る。店内には昨日の切れ長の目をした男とルーレットの前で作業に没頭している二名がいた。

「早いねぇ、明日からここまで早く来なくてもいいよ。とりあえず掃除の順序もわからないだろうし、誰か来るまで台にコロコロかけておいて」

言われた通り粘着クリーナーを転がし始めるが、ルーレットの男は見向きもしない。後に知ることになるのだがこのルーレットの調整は店の一日を左右する重要な仕事だ。ルーレットは精密機器で温度、湿度により玉の落ち位置が偏ってしまう。落ちる寸前まで張ることができる日本のカジノでは、特定の場所にしか落ちなくなることで店が大きく負けかねない。空調や加湿器を操り、寄り散りをコントロールし場面を盛り上げる設定にできるかどうかがルーレットの実力になる。

しばらく粘着クリーナーをかけていると店内に明るい声が響いた。

「おはようございまーす！」

見ると、当時流行したアメカジ系の服装に身を包んだ長髪の男が出勤してきた。僕の姿を見ると、その男は笑顔を浮かべて握手を求めてきた。

「君が今日から働く田村君？　俺、清宮だからよろしくー」

「よろしくお願いします」

「あー、なんか田村君っていうのもかたっくるしいから、たむとかでいい？　店のことだったらなんでも俺に聞いてよ」

　急速に距離を縮められたが、嫌な感じはせず、清宮の明るい性格に好感を持った。

「そうそう、たむ。スラックスはこっちにあるから選びな。人が着ていたやつだけど使ったらその人のものだから好きなの選びなよ」

　後に付いて休憩室に入り大きめのダンボールに入った七、八着のスラックスからちょうどいいものを二つ選ぶとどちらもそれなりのブランド物らしかった。

「どっちがいいと思います？」

　柔らかく接してくれる清宮にこちらも心を許し尋ねる。

「両方ともたむのにすればいいよ。あとベストとクロスタイは各自一つずつ、シャツは着たらこのボックスに入れておけばクリーニングに出すからここの勝手に取って着なよ。ロッカーはここ。おっ、もう名前貼ってある。生意気だなぁ」

　ロッカーにはテプラのようなものが貼られ「田村」という文字が刻まれていた。

身を包んだスラックスは丈もちょうどよく、より一層気持ちが引き締まった。自分の着ていた衣服とスニーカーをロッカーに収め、外から聞こえた掃除機の音に反応し、すぐに掃除の仕方を聞き念入りに手伝う。その間続々とディーラー達が出勤してきて、掃除を始めたり本を読んだりしている。

「よし、買い出しにいくぞ。たむも来い」

清宮に呼ばれ、同僚の二人のディーラーと連れ立って買い出しに向かった。まず果物屋に向かい、あらかじめ用意されていた詰め合わせを受け取り、薬局にてユンケル、リポビタンD、冷えピタに新生児用ジキニン（ブロンと同様に配合されれいるメチルエフェドリン塩酸塩に覚醒作用があり覚醒剤の代用として好む客がいる）などを一万円程買い、タバコ屋で様々な客の好みと来店頻度に合わせた銘柄を五〇箱程を買い込んで店へ戻った。細々と買うのではなくどんぶり勘定での買い出しは金払いの良さがメーター（カジノの収益）に繋がると明示するようだった。

買い出し中、プライベートのことを多く聞かれ、全てさらけ出し答えた。こちらの返答に相手も気を許したのか、同僚のディーラーも地方競馬で六〇万馬券を取った話、ペットのモモンガが部屋で粗相をして大変なことになった話などをしてくれ、楽しい時間となった。

店に戻るとディーラーとしての初めての研修が始まった。

最初に教わったのは、ルーレットの空きスペースでチップをひたすら拾い続けることだった。チップ拾いは、一〇〇枚あるプレイチップを崩して散らし早く拾うルーレットの基本で、チップ拾いの早さは場面捌きの早さに直結し、そのラップタイムを上げるため初めの一ヵ月はほとんどの時間をチップ拾いに費やした。

ラップタイムの当初の目標は二〇秒を切ることだったが、一週間しないうちに達成し、二週間経つ頃には一六秒で清宮を抜き、挑戦者を受けて立つ流れになっていた。

早く場面デビューをしたかったけれどルーレットは職人気質が強く、完璧に配当計算を行い、チップを客に正確に素早く出すことができるようになったとしても、一ヵ月間は練習と決められていた。

ルーレット技術の習得に集中する中、カードゲームの方は手の空いたカードゲーム班（ルーレットはやらない専門要員が半数程いた）から手解きを受け、チップの切り方、バカラとブラックジャックのルール、配当の付け方のシミュレーションを学んだ。

練習客として手すきに参加してくる清宮から実際の一〇分の一程度のレートで巻き上げていき、清宮の悲鳴と共にみるみる上達していく。

「おーい、たむ。てめえ、本当は素人じゃねえんじゃねーかー！」

二週間経つ頃にはディーラーの横にサブとして付いて実際の場面を経験し、口上もそれぞれの特徴のいいとこどりをしてアレンジを加え、いかに客を盛り上げ場面を沸かすことができるかを考えるようになった。そして一ヵ月間、三百時間以上を念入りに鍛え上げられる頃には半人前のディーラーになることができていた。その後のカジノ経験を考えると中規模の沸いているハウスで馬車馬のように働いた経験は大きな礎となり、今となると感謝の念に堪えない。

2

働いているうちに店の様々な仕組みや流れが見えてきた。店に早い時間から来る切れ長の目をした男はオーナーサイドに一番近いらしく、店舗では必ず同じ位置に座るキャップの男と共に換金業務を行っていた。

バーカウンターの一番奥がキャップの男の定位置で、その隣に切れ長の目の男が座り、客は切れ長の目の男にチップを渡す。切れ長の目の男がチップをカウントすると、キャップの男はエントランスを出て踊り場で金銭の受け渡しをしていた。

切れ長の目の男は監視役も兼ねているようで、常に奥から二番目の席に座ってはいたが、従業員からはただのお客さん、又は存在しない者として対応され、立ち入った話はしないことが暗黙のルールとなっていた。

一日の店の売り上げは一〇〇〇万円を上回る程度。これは中規模のカジノとしては繁盛店といえる数字だ。

大体ルーレットでコンスタントに三〇～六〇万円の利益が上がり、月に一回程度のガミ（マイナス）も含め平均四〇万円程だった。ミニバカラ二台とブラックジャックを合わせた三台はルーレットより波が荒く、〇～八〇万円の利益で均（なら）すと四〇万円程。これらの平均八〇万円で店の経費、運転資金は捻出される。そして一番場面が立つ五点バランスのバカラの出来がその日の命運を分ける形となり、波は激しいが平均すると五〇万円。全て合わせて一三〇万円程の利益に落ち着いていた。

買い出しで五万円使おうとも食事や煙草を無料で提供しようとも全く問題ないわけで、客数は一日に四〇～八〇人、週末には一〇〇人前後の来店があった。来店客には初めのお買い上げに対し五〇ドル（カジノ内では一ドル一〇〇円計算、五〇〇〇円分相当）のサービスチップが次の一言と共に黒服より渡される。

「遊んでいただくお客様にはこちらの五〇ドルサービスになります」

この一声を掛けることにより、あからさまなサービス目的の客には次回サービスを付けない対応ができるし、多く負けている客には多めにサービスを出すことができるという柔軟な対応を可能にした。一〇〇万円以上負けて帰る客には別途黒服から「お車代」の封筒が手渡され、太客を繋ぎ止める効果を上げていた。客の満足度は雰囲気や売り上げに直結するため、オープン前のミーティングではウェイトレスや責任者クラスも交え、良し悪しは逐一叱咤激励されサービス向上に努めた。


三ヵ月を過ぎると五点バランスのメイン以外のポジションは全てこなすことができるようになり、ルーレットも客がまばらなタイミングを見て投げるよう指示された。元々手先が器用でその上働き詰めだったこともあり、場面捌きも自信を持って盛り上げることができた。

ルーレットの盛り上がりは客の数、口上や呼び込み、手捌きの良さ、落ち位置の寄り散りで決まる。寄ってしまった時の客は前のめりになり落ちているお金を拾うがごとく、我先にと塔のようにチップを積み上げていき、店の利益を圧迫していく。ベットの量が増えれば増えるだけ合力（場面を捌く人）の腕が試され、素早く正確、かつ華麗に配当を出し仕切ることは投げ手の擁護にも繋がる。適切な間合いを取り客の勢いに呑まれないことでペースを守り、ベット時間をコントロールし寄りを耐える。再度散った状況を最小損失で向かえることができるとやっと一息つけた。

寄りでルーレットが盛り上がれば盛り上がる程、他の卓にも熱気が移り張りにも勢いがつき、カジノの華としての波及効果も存分に見込めるため、寄りも悪い側面ばかりではない。流れが悪くとも腐らずに声を張り、全体の流れを良くしようとする姿勢がルーレットディーラーの資質として求められる。

ある時休憩室で〝ルーレットの美味しいハウスが歌舞伎町に開いた〟という話が広まってきた。外国人のバニーガールがいて大きな競馬のゲームまである大箱だという。話に花が咲き、買い出し担当になっている四人で向かう手はずとなった。

前日の買い出しはそのハウスの話で持ちきりになり、清宮と中堅ディーラーの菅原は「競馬ゲームまであってルーレットが美味しいと聞いたら向かうしかないでしょ」と盛り上がった。

「つーかさ、外国人のバニーガールだぜ」

清宮はウェイトレスの服装に激しく反応している。

「布面積は小さくあるべきでしょ。こんなのだったらどうするよ？」

そう言ってコマネチのポーズでおどけてみせた。

当日、四人が揃うと業界通の菅原指揮の下、カジノバーGへと向かう。入り口は頑丈な二重扉になっており、機械音がした後、ドアが開き店内へと誘導された。

豪華絢爛、荘厳華麗。目の前には室内にもかかわらず大きな噴水が設けられており、奥にはちょっとしたホテルさながらのカフェスペースとバーカウンターがある。その周囲には一〇台以上のテーブルゲームが広がり客の熱気と場の雰囲気が見事に調和していた。

「なんだよ、思ったより布面積大きいじゃねーかよ」

バニーガールを見た清宮はぶつくさ文句を言っている。

ルーレットには五名程待ち客がいたのでウェイティングリストに名前を残し、奥にある競馬のゲームに向かった。ゲームセンターの筐体をそのまま使用している競馬ゲームには二人の先客がいた。それぞれ一万円をコインに変え、注文を取りにきたウェイトレスに飲み物を頼んだ。とりあえず本命筋に三点、三枚ずつ賭けるとベットは締め切られファンファーレと共に八頭の馬が走り始めた。

「黄帽行け！」

清宮も本命五枠から流しているようで、覗くと菅原も同じく本命と二番人気に二〇枚ずつ賭けていて嫌な予感がした。ゲームセンターでの経験上、設定が緩ければ同じ枠に賭けている大きな駒も当たるが、設定がキツイとそれなりの張り駒でしか当たらなくなる。案の定、五枠黄帽は先行馬なのに第三コーナー手前で馬群にのまれてしまった。競馬ゲームはルーレットを待っている間の暇潰しということもあり、適当に勝ったり負けたりを繰り返していたが、清宮が気分を変えるように声を上げた。

「メシのレベル高そうだからガジろうぜ」

全員で離席し、カフェスペースのテーブルに向かった。席に着くとウェイトレスがメニューを持ってくる。食事も飲み物もすべて無料だ。サーモンクリームのフェットチーネとペリエをオーダーした。

注文を待つ間、菅原に一声掛けハウスの中を一周してみることにする。ルーレット横のミニバカラでは、羽振りの良さそうな水商売の若い女、得体の知れない雰囲気の三〇歳前後の男、ヨットマスターを付けた小太りで目の据わった男などのディープな客層がゲームに興じていた。

全体的に目に付いたのは身なりの良い女性で、全体の四割くらいを占め、その半分以上は一人で来ている様子だった。彼女達は周囲に目もくれずバカラに熱を上げている。徹底した高級志向の箱作りが女性客を掴み、華やかな雰囲気が男性客をも引き寄せている構図が見えた。もしかしたら女性客には何らかの特典を付けていたか、さくらで身なりの良い女性をなどと邪推してしまうが、いずれにしても初めて来た客がハマる雰囲気はできている。

テーブルに戻ると注文の品が届いていて、清宮は丁寧にフォークとスプーンを使いパスタを食べていた。菅原の姿はない。

「菅ちゃんはルーにもう呼ばれたよ、早く食っちゃえよ」

ルーレットを見ると菅原は配当を受け取っているところだった。勢いよく食事を掻き込んでいると黒服が近づき、ルーレットが空いた旨を伝えた。

清宮を残してルーレットに向かうと運良く菅原の対面の位置に案内された。席につくと菅原から落ち位置を記したルーレット表を手渡される。明らかに時計でいう四時～一〇時の場所に落ちていない。目をやると菅原のチップはプレイチップオールの他にマーカーチップが七〇枚で八万円程ある（プレイチップが一枚一〇〇円、マーカーチップが一枚一〇〇〇円）。それに気づいた菅原は指を二本立て〝使いは二万円〟だと合図を送って来た（二万円の手出しが八万円になっている）。とりあえず落ちる場所ではなく落ちない場所を頭に叩き込んだ。

「さぁ、どうぞ」

掛け声と共に張り始めた菅原のチップを眺めた。シロンパ（4～8の間九箇所）に本線を定め、その後シングルゼロまで細かく張りを伸ばす。その様子を見てシロンパの本線にだけ二枚ずつチップを重ねる。

「ノーモアベット」

掛け声と共にベットは締め切られ制される。

九時の場所のピンに薄めに当たった玉は少し伸び、35番に吸い込まれた。4番の二つ先になり外れてしまったが目線は当たっており、菅原は薄めのベットだがプラスになっていた。菅原にディーラーが配当を渡す時、チップが崩れた。

「失礼しました」

慌ててチップを拾い直すも手捌きはお世辞にもうまいとは言えない。配当チップは勝ち駒に当たるわけで、崩してしまうとアヤを付けていると思われかねない。勝ち駒を気持ちよく渡すことができないとそれなりに大きなディーラーの落ち度になる。ただ、このアクシデントによりディーラーがあまり達者ではないことが読み取れ、客からすれば好材料となった。

配当が皆に渡り反対の面からも「オールペイ」の一言が放たれ、ディーラーは無造作に次の一投を投げた。

「さぁ、どうぞ」

ウィールの回転はほぼ二周、ディーラーの投球は大体二〇周で、投げた音は先程より少し弱く、六時のピンを目安に考えるとダブルゼロ周りが本線と見えた。菅原も目線は同じで、手前から張り始めるとダブルゼロから少し先までを本線に見据え、その先まで張り駒を伸ばした。まだ二投目だが菅原と意見が合った気持ちをそのままベットに乗せ素早くチップを散りばめる。

「ノーモアベット」

固唾を呑んでスピードが落ちていく玉を見守る。

「あっ」

思わず声が出た。玉は六時のピン手前の平行ピンに当たり、イレギュラーなアクションで落ちた。

「13番ブラック」

落ち位置は大体目測通りだった。

「たまにこのイヤラシいアクションがあるんだよな。平行ピンを高くしてるんだよ」

菅原の言うように平行ピンが高く設置されているようだった。

「あんなにアクションするんですか？　どのくらいの割合で当たります？」

「一〇回に一回くらい、アクションはめちゃくちゃで半周以上することもあるけど、弱いところには落ちないから広く張ればいいよ」

菅原の発言は的確でためになる。何よりルーレットの専門的な話を理解できると思われていることが嬉しく、追加で一万円分のチップを買い気合いを入れ直した。

「さぁ、どうぞ」

ディーラーが一呼吸置いて投げた玉は一投目と同じ力加減に感じた。九時のピンを基準にウィールを追い、目測でいくとシングルゼロ周りと見える。シングルゼロ周りに三枚のプレイチップを張り始めると、菅原がその先の数字にチップを置いていったことに驚き再びウィールを見る。微妙に今までより回転が速い。身体に衝撃が走り、残りのプレイチップを急いで先まで張り進める。

「ノーモアベット」

張り出しが遅れたため、二、三手遅れたがディーラーに制されずプレイチップ全てを張り切る。勢いが弱まった玉はあろうことか六時のピンに薄く当たり、長めのアクションでポンポンと軽快に跳ねた。リピートナンバー13。そこには八枚のプレイチップがある。後三目で抜けていたがギリギりで張った高めだ。

「13番ブラック」

一気に身体が弛緩し嬉々たる思いに満たされる。九八枚のプレイチップと一九枚のマーカーが手元に運ばれた。

「たむナイス！」

そう言う菅原はマーカー一枚を張ったらしく、三六枚のマーカーを前に小さくガッツポーズをしていた。このディーラーはうちの店だったら到底場面に出られるレベルではない。菅原と目が合うと〝このディーラーはぬるい〟と含み笑いをしている。その時、清宮もテーブルにやって来た。外から見て状況は理解していたようで清宮は腕まくりをして言った。

「よーし、本気出しちゃおうかな」


数時間遊んだ後、近くの中華料理屋に移動して乾杯をする。勝ち頭は菅原で三〇万円弱。僕と清宮、もう一人のディーラーはそれぞれ一〇~二〇万円という大勝ちだった。

清宮がほくほく顔で言う。

「ここはI軍団の手が入ってるって聞いてたけど違うんだな。この店、研修上がりだけなの？」

菅原がビールのグラスを傾けながら答える。

「いや、ルーレットができるI軍団のやつが一人いるはずだけど、今日はいなかったね。ぬるくて勝ちやすかったよな」

Ｉ軍団というのは、Ｉ氏を師匠とするルーレットの派閥で、業界では力を持っている。カジノには生え抜きのディーラーしか雇わないところもあり、経験者を構わず受け入れているところもある。この箱は生え抜きをベースとしながらもＩ軍団の経験者を入れていると聞いていたが、今日は姿がなかったのだ。

「初めはＩ軍団に話があって、もっと大勢ディーラー入れたかったみたいだけど条件面で折り合いがつかなかったって噂だよ」

業界話に心が躍り、もっと業界のことを知りたいと切に思った。

「でも、やっぱり、バニーガールはいいよな。ディーラーより女の質のほうが高かった！」

清宮のバニーガールへの執着には驚いたが、ディーラーの質が低かったことを利用して勝ち上がることができたことに充実感を覚え、勝利の美酒を味わった。

3

働き始めてから八ヵ月を過ぎた頃、研修上がりの中でもできる部類に入って、時給はその中ではトップの一四五〇円になっていた。面接の時に毎月上がると聞いていた時給も頭打ちになりつつあったが、特に不満もなく楽しく過ごした。そんなある日、歓楽街の街角でふとビラを受け取った。

「ニューオープン！　ディーラー・ウェイトレス募集時給一八〇〇円～」

サンドイッチマンにこの金額は最低時給なのか尋ねるが詳細はわからず、好奇心から連絡することにしてみた。

「ディーラー募集の広告を見て連絡させていただきました」

「経験者ですか？」

思ったより軽い調子で電話口に男が出る。

「経験者です。時給は一八〇〇円からなんですか？」

「はい、テストを受けてもらいたいんですけど来られますか？」

今のハウスにはよくしてもらっていて恩も強く感じているが〝テスト〟という響きに自分を試してみたい気持ちが湧き上がってきた。

「来週になってしまうんですが大丈夫ですか？」

「オープンまでは日にちがあるから大丈夫です。いつ来られます？」

日付を決めて電話を切った。

テスト当日までは変わらず闇雲に働いた。

〝もし、テストに合格したら？〟

それを考えると、この箱に対する恩と、ここにいる限り狭い世界のまま終わってしまうという感情が交錯した。

テスト当日、頭の中を空にして家を出た。指示された場所に向かうと店は驚くほど大きく、カジノテーブル一〇台程と両面張りのルーレット両面が広大なフロアに並んでいる。それが二階と三階の二フロアに同数あった。客も従業員もいない中、背が高く浅黒い岡村という男に迎えられた。

「ルーレットはできるんだよね。じゃあルーレットからやろうか」

ルーレットを覆っている布を取り払い加湿器を炊く。ルーレットは一日八時間以上も場面に出て、数多くの客を捌き続けていたので自信がある。

「まずは場面を捌いてみて」

そう言うと五色のプレイチップを散りばめ、マーカーチップと合わせて六〇〇枚程を場面に撒いて軽く玉を放る。

「14番レッド」

身体は自然に動き手早くチップをまとめ配当チップを早く正確に出す。そつなく五回の場面捌きが終わりまずまずの出来だ。岡村の反応も見た感じ悪くない。続いてウィールが丁度二周回ったところで玉を落とすテストや寄った時の対処などのテストが行われ、岡村もルーレット好きであることが伝わってきた。

二〇分程の念入りなルーレットのテストが終わると、バカラとブラックジャックは確認程度で、こちらのできるといった言葉に納得したようだった。

「時給二〇〇〇円でうちで働ける？」

突然の打診と金額に驚き、思わず頷いてしまった。我に返って他の店で働いている旨を告げると気にも止めない様子で岡村は言う。

「うちは三週間後オープンだから一週間前にでも合流してくれればいいよ」

こちらとしてはありがたい提案だ。嬉しくなるが値打ちをつけて表情を抑え、後日改めて連絡すると言って店を出た。

〝よっしゃー、一人前のディーラーになれた〟

予想よりもテストで好成績を出せたこと、研修扱いではなく一人のディーラーとして認められたことで、若干の後ろめたさはあったが気持ちは前に傾いていた。

翌日、いつも通り出勤すると面接官だった名義店長に店を辞めたい旨を告げた。業界では何も言わずに店に来なくなる人間が多く〝飛び〟は当たり前だったがキチンと筋は通したかった。

「お前うちで覚えさせてやったのにすぐに辞めるとはどういうことだ」

威圧感に押されながらも決めたことを変えるつもりはない。

「すみません」

「お前が働きたいと言ってきたから働かせてやったの忘れたのか？」

「すみません」

嵐を起こしたら収まるまで謝るしかない。いつ捕まってもおかしくないカジノ業界の人の出入りは激しく、うちの店でも八ヵ月で多くの人が働き、多くの人が去っていくのを見てきた。

カジノ業界では店を辞めたくらいで干されることはない。逆に辞めたくらいで圧力をかけると従業員が集まりづらくなる。もちろん系列店に入りにくくはなるがいくらでも系列はあり、店の金を持ち逃げする、客とつるんで店の金に手をつける、喧嘩をしてアイスピックで相手を刺すことなどと比べると日常的な出来事になる。

一〇分程ねちっこく圧力をかけられたが、名義店長は諦めたように言った。

「もう一度よく考えて答えを出せ」

休憩室に戻ると状況を察していたようで清宮と菅原が話しかけてくる。

「なに、たむ辞めんの？」

「どっか他の店に行くの？」

人の繋がりが強いカジノ業界では店の面子との関係は家族のように濃く、辞める方も辞められる方も辛い。

「いろいろ考えていることがあって」

他のカジノに行くとも言えず業界を上がるとも嘘はつけず言葉を濁した。

「なんだ、ムードメーカーいなくなっちゃうじゃん。寂しくなるなぁ」

純粋な清宮だけに言葉が胸に突き刺さる。

「携帯は変えるなよ」

菅原の言葉は嬉しかった。後ろめたさや不義理で携帯番号を変えることは珍しくないが、この言葉もあってカジノ業界に入ってから今まで番号は変えていない。

「頑張れよ、たむ」

清宮は全てを察するかのように送り出してくれ、気持ちが嬉しかった。

第二章
裏社会のニオイ

1

一軒目では感じられなかった裏社会のニオイを二軒目の店では感じることとなった。店は都内でも指折りの大型店で、関係者も客も尖った人間が多かった。そのニオイを初めて嗅いだのは店のオープン直後に黒服に呼ばれた時だった。

「田村、ちょっと来て」

黒服に呼ばれてカウンターに向かうと明らかに異質な面々がバーカウンター横のボックス席に座っていた。黒服にどうすればいいのか視線を送ると〝対応しろ〟と目が物語っている。ソファーに腰掛けている四人はどう考えてもあちらの世界の人間で、周りに立っている五人は若い衆と一目でわかった。

「にいちゃん、パーラメントくれや」

突然、ソファーに腰掛けている若いが貫禄のあるダークスーツに声を掛けられた。一呼吸置いて一般客と同じ対応をする。

「すみません、うちの店は煙草はお金をいただくことになっています」

カジノでは珍しく煙草が有料であるという店のルールをなるべく柔らかく伝えた。

「おお、そうか。悪かったな」

そう言うと小銭を探しているのか腰のあたりで腕を動かし、その手の先を見ると指が二本しかない。今まで小指がないくらいは目にしたことがあったが、右手に二本、左手に三本しか指がないのを見て息を呑んだ。取りづらそうな手から一枚ずつ小銭を受け取りながら煙草が無料でないことを恨んだ。キャッシャーで受け取った煙草を渡して胸を撫で下ろしながら休憩室に戻る。すると同僚のディーラーに組織名を耳打ちされた。

「あれ、○○」

その言葉は心の奥に響き、再度緊張が走る。

他愛もないディーラー達の与太話が繰り広げられている中、奥の椅子に座り、窓の外に目をやる。店の裏路地には横浜ナンバーの高級車が三台止まっており、一番先頭のセンチュリーの横に店の上層部の人間と若い衆がたむろしていた。しばらくすると店の後ろ盾らしきバルタン星人一行は威風堂々と去っていき、冷えた空気感がハウスの中に残った。

2

ここでは従業員同士の身内博打も平常的に行われていた。

「下のルーレット調整取ってるから手伝ってあげて」

ルーレットチーフに言われ他のディーラーと共に下のフロアに降りると、二人のディーラーがルーレットの前にいた。二人はチップを素早く張る練習をしており、二枚ずつのチップを見事な手さばきで張り広げている。張りプロとしても名を馳せルーレットハウスを荒らしまくった大原がそこにいた。小柄で引き締まった身体の大原はパッと見は目立ちにくく、大柄な高杉というディーラーが話し掛けてくる。

「せっかく調整取るならたむちゃんやってよ。それで身内でもやろうぜ」

高杉は休憩室で初めて会った時から〝たむちゃん〟と呼び、間合いを詰めてきた。人懐っこい性格の持ち主で、気になったウェイトレスと接点を持つべく、あれ聞けこれ聞けと指示を出してきた。言ってみればウェイトレスに近づくためのダシに使われたのだが、そんな経緯で会話を交わす仲になっていた。

調整を取り三〇分程投げ込んでいると、高杉と大原はウェイトレスの容姿に点数をつけて遊んでいた。

「とりあえず調整取れましたよ。投げ込んでいい感じに散ってると思うんで見てください」

「よーし、調整取れたなら勝負しようぜ。オール一〇〇〇円ね」

他愛もない遊びだという気持ちで勝負を受けるが連続して当てられてしまう。しかし調整はそれなりにうまく取れ、落ち位置はばらけているので溶かす自信がある。一〇投投げる頃には綺麗に散っているにも関わらず大原のチップは膨らみ焦ってしまう。経験こそ一年弱ではあったが毎日八時間はルーレットに張り付いている中で、ここまでピンポイントに当てられたことはない。寄っているならともかく散っていてこれだけ当てられるとムキにもなるが、レベルが高く見えてるものが違うのだと痛感した。流れを変えようと一緒に降りてきたディーラーにチェンジを申し出るも一蹴されてしまう。

「嫌だよ。大原さんはルーレットの張りプロだよ。前に俺がいた店も出禁になってるからね」

もう少し早くそのことを教えてほしかった。ディーラーチェンジを申し出たのを見て、大原は喰ってかかるような態度で挑発し始める。

「落ち位置丸見えじゃんかよ。そんなんでできる気になってるとはめでてーな。ルーレットはそんな甘かねぇぞ」

圧倒的な大原に手も足も出ず、一回だけでも綺麗に張りが抜ければと玉を癖のある練り玉に変えわずかな望みを託すが、弱気になった博打はいくら念じても悪い方に転がる。

「小細工したって下手くそは変わらないんだから裏に落としてみろよ」

せめて一回だけでもと考える気持ちが空回りし傷口を深くしていく。いくらみっちりルーレットをやっていようがまだ半人前にしかなれていないことを思い知った。

「キリがないから後三球で終わりな、下手くそが」

既に負けたチップは倍々で膨らんでいて、負け額は八〇万円にもなっていた。しまいにはルーレットに細工でもされてるんじゃないかと考えるが見当違いも甚だしかった。

張りプロは周回張り（音で周回を四分の一まで聞き分け張る）や時計張り（決まった秒数を基に

落ち位置を探る）の技術に加えて、ディーラーの癖や力の入れ方、周囲の状況や強いピンを鷹のような目で見て計算し、落ちる場所、又はここには落ちないという場所を特定する。もっとも博徒たるべき人種で、他の人間とは違う世界が見えている専門職だった。

「身内なんだからたむちゃんから取りすぎるなよ」

手洗いで席を外していた高杉の一言に救われた気がすると共に、完膚なきまで鼻をへし折られ格の違いを見せつけられた。結局負けは五万円で手を打たれその場で払う。プロ相手に無策な勝負は悔やまれるけれど授業料として考え、一流に牙を剥かれたら縮こまることしかできなかった。

3

他にもこの店では最初の店では起きなかったような出来事が頻発した。

ある日黒服から指示を受けバカラのサブに付いていたところミスを見つけた。面倒くさそうに撒くディーラーをサブから見ていると、五点のバランス台は明らかにバランスオーバーしていた。

「バランスができていませんよ」

サブがメインに口を出すことはあまりよくない行為だがさすがに目に付き声を掛ける。ほとんど言葉を発しないディーラーは無視して場面を進行する。それでもバランスを無視するのを見て、間を置いてもう一度声を掛ける。

「バランスができていませんよ」

撒いているディーラーは軽く舌打ちをすると、取ってつけたような笑顔の黒服に声を掛ける。

「こいつ邪魔なんで変えて」

表情を凍らせた黒服が近づいてきて休憩室に戻るよう指示を出してきた。休憩室に戻って同僚と馬鹿話をしていると仲の良いルーレットディーラーの土屋竜二が声を掛けてきた。竜二は同い年の赤坂から流れてきたディーラーで、とても手先が器用でディーリングも達者だった。名の売れている店を渡り歩いただけあり顔も広く、上からも可愛がられていた。自然と仲良くなった竜二は神妙な面持ちで話す。

「今日上がったら用事あるからちょっと来て」

わかったと話を受け入れると横に座っていたディーラーは遊びにいくと勘違いしたのか、一緒に向かいたがるも竜二は顔を曇らせ首を横に振った。店が終わると二四時間営業のカラオケボックスに連れていかれる。

「どこに行くの？」

「とりあえずついてきて、そんな悪い話でもないから」

竜二の言葉の行間から緊張のようなものを感じながらついていく。

「おー、たむちゃん来たか」

カラオケボックスの部屋の中に高杉と先程バランスのことを進言したディーラーの二人が歌うこ

となく座っていた。

「お前舐めてんの？　俺がバランス読めないとでも思ってんの？」

「まぁまぁ、イガちゃん熱くならずいこうよ。たむちゃんも悪気はないんだしさ」

先程の指摘が頭に来ていたのかイガちゃんと呼ばれたディーラーは立ち上がり、睨み付けてきた。

高杉のフォローでどうにか収まると腰を下ろし、今度は低い声で続ける。

「俺ら誰だかわかってるのかよ」

「俺も田村は白いと思います。悪気はないと」

竜二が庇ってくれるも男は竜二を睨み付け、竜二は申し訳なさそうに頭を下げる。

「お前ら昨日、金髪の黒服達と飯食いにいったろ。何話したか言ってみろ」

確かに昨日の仕事終わりに黒服に声を掛けられ飲みにいった。しかし、食事と酒を奢ってもらっただけで深い話はしていない。

「はい。前の店の話を聞かれ話しました。僕はVという店で働いてました」

「そんなの調べはついてるんだよ。それよりあいつらに言われたこと言ってみろ」

「田村と一緒にいました。特に何か言われたとかはありませんでした」

竜二が助け船を出してくれるが話が飲み込めず姿勢を正して出方を窺った。

「俺は猪狩だ。あいつらより俺らの方が格上、俺らが捕食者だ。それだけは覚えとけよ。何かあったら声掛けるからその時は従え」

猪狩はそう言い放つと財布から二万円を投げた。格下、格上が店での立場を意味しているだけではないことは猪狩の雰囲気からわかり、内面を見透かす強い眼力でこちらを睨み据えた。

「たむちゃん受け取っておけよ。この前大原にやられてるだろ」

「何？　大原にやられたってのはこいつなの？　じゃあこれで足しにしな」

猪狩は更に一万円札を机に放ると思い出したように竜二にも一万円札を渡した。

「俺らが何者かは深く詮索するな。店では普通にしていろ。指示があったら従え。あいつらとは距離を取れ」

「たむちゃん悪かったな。詳しくは話さないけど、まぁ、察してくれ」

高杉がまとめるとその場はお開きになった。言われた通り三万円は納め、猪狩に先に出るように言われると周囲を注意深く見渡し店を後にした。

「せっかく金をもらったし飲みにいこうぜ」

竜二に誘われ、こちらとしてもこのまま帰りたくなく、近くの居酒屋に向かうことにした。カラスがゴミをつつく明け方ということもあり、二四時間営業だけが売りのさして美味くない居酒屋に入った。お約束の冷凍馬刺しに煮込みと何品か頼んだが、ビールが運ばれてくるまで会話はなかった。

「なんだか俺が余計な口叩いて更に金までもらって悪いな。いろいろありがとう」

「気にすんなって、猪狩さんの息のかかったのたくさんいるから。田村を変えたあの黒服は完全に手の内だから、とりあえず今日はこれでいいと思うよ。あの人の面倒を見てる組織、かなりデカイところだからさ」

猪狩は今でいう半グレのような存在で、バックに暴力団の存在があるディーラーだった。いつもより重い空気の中、竜二は味方なんだと感じた。

「黒服とか店の上層部とは反目、これだけ覚えておいて後は普通にしていればいい。俺もそうだけれど今は知らなくていい世界があるんだと思うよ」

そう告げるとビールを飲み干し再度注文して、携帯を取り出した。今までの雰囲気と変わって、ニカッと明るい笑顔を浮かべて竜二が言う。

「他の奴らも俺らの奢りで誘っちゃっていいでしょ。女のディーラーが連れてきてくれると思うよ」

いつまでも湿っぽく飲んでいても始まらない。頷くと竜二は電話を掛け始める。

五分足らずで女ディーラーが二人のディーラーを連れてやって来た。

「なんだよ、女お前だけじゃん。他に呼べないの？」

竜二は元から顔見知りなのか女ディーラーには強気だ。

「じゃあウェイトレス二人呼ぶから来るか来ないかで五〇〇〇円賭ける？」

女ディーラーも男勝りで博打を仕掛けてくる。

「じゃあ背の高い髪を上でまとめてたウェイトレス呼べない？」

高杉が休憩室で電話番号聞いたら一万円やると言っていたウェイトレスを指名し、五〇〇〇円を投げた。

「何？　あの子に気があるの？　いいよ。呼んであげるよ」

そう言うと女ディーラーはどこから出しているのか聞いたことのない優しい声で電話を掛け始め、会話の内容から察するに呼ぶことができそうな雰囲気だった。すぐに高杉に電話を掛けるとツーコールで電話に出た。

「お疲れ様です。あのウェイトレス飲みにくるらしいですけど来ないすか？」

「ええっ！　マジかよ。たむちゃんやっぱ持ってるねぇ。タクシー飛ばしてすぐ行くわ」

今回は負けのない博打を仕込むことができ、楽しく飲める流れになって盛り上がった。高杉から報奨金を勝ち取り、会計も高杉が進んで支払った。

4

この店ではルーレットに貪欲に取り組み、大原には敵わないにしても手捌きは悪くないことを確認する。竜二をはじめうまい人間はたくさんいるが、配当を出しチップを出し終わるまでの時間は誰にも負けなかった。刺激的な雰囲気の中で揉まれていったが、こんな店ということもあり、予想もしない終わり方が訪れた。

ある日の仕事終わりに竜二を通じて再びカラオケボックスに呼び出された。部屋には猪狩と高杉、大原がいた。

「おう、来たか。店に内偵が入ってるらしい。近いうち一悶着あるだろうな」

猪狩はそう話し始めた。

「もう寒いってことですか？」

竜二が確かめるように聞く。

「今日、情報が回ってきた。俺らは上がるけどお前らは仕事あるのか？」

「田村と俺は誘われているところがあります」

そんな話は初めて聞いたが、猪狩と目を合わせて頷く。

「わかった。仕事なかったら声掛けろよ。すぐに手配してやるから」

直感的に猪狩と付き合うには距離感が大事だと思った。情報の礼を言いカラオケボックスを後にして竜二といつもの居酒屋に入る。

「猪狩さんああ言ってたけど寒いのかな？」

「あそこらへんの人が言ってるってことは何かしらの動きはあるんじゃないかな。内偵だとしたら裏取りとか考えるとヤバイのはまだ先だと思うけど」

竜二が言う通りグループの人間達が上がるという話には理由があるはずだ。

「グループの人間は余計なリスクは避けるんだと思うよ。あのグループは捕まったディーラーの保釈金や保証も出してるみたいだし」

聞くと捕まったディーラーには一日あたり二万円、起訴を打たれそうな時には弁護士をつけてくれ、一五〇万円からの保釈金も出してその金はご苦労さんと投げてくれるらしい。

「そう言えば誘われてるってあてはあるの？」

猪狩に話した竜二の言葉が気になり聞いた。

「いくつかある。田村さえよければ一緒に移ろうよ。俺らくらいできれば猪狩さんに飼われなくともどこでも雇ってもらえるよ」


翌日、店のディーラー、黒服を含め一〇人程すっぽり飛んだ。休憩室では警察関係のリークがあった気配は微塵も感じられず、多くの従業員が飛んだ理由は他の店の開店のためとされた。飲み物を頼もうとカウンターに向かう途中で黒服に声を掛けられる。

「田村はルーディー（ルーレットディーラー）時給二〇〇円アップの話は聞いたか？」

そんな話は話題にもなってなかったし初耳だ。もし聞いていたら休憩室の一番の関心事になるに決まっている。

「初めて聞きました。マジっすか！　嬉しいです」

ついに時給が二二〇〇円になった。これなら多少キツくても悪くないかもしれないと思う。ドリンクを手に休憩室に戻り、ルーレットディーラーと話題を共有した。それを聞いてカードディーラーは不満を漏らした。すると誰かがその話をしたのか、黒服がやって来てカードディーラーも時給は一〇〇円アップだと告げ休憩室は盛り上がる。皆が浮かれる中、竜二は冷静に場を読み取り話す。

「人が少なくなったのはわかるけど皆の時給上げるのはやり過ぎじゃね？」

「それはそうだな。昨日の話もあるし店の状況をよく考えた方がいいかもな」

俯瞰的に状況を見るべきだと襟を正す。店が始まるとルーレットはてんやわんやで忙しく、ほぼ休みもなく働いた。客の待ちも入りフル稼働の中、〇時を回った頃に事件は起こった。

ガッシャーン！

何かが壊れる音で場面は止まった。音がしたトイレの方を見ると、暴れる客を黒服が羽交い締めにして店から追い出す最中だった。黒服の指示ですぐに場面は再開され、トイレの前には黒服達が集まり白い陶器のかけらを運び出していた。場面を進行していると一通り掃除は終わったのか、男性用トイレには〝故障中〟と張り紙がされた。

仕事終わりのミーティングで黒服は事件での不手際を詫びた。

「俺達の対応の悪さで嫌な思いをさせてしまい本当に申し訳ない。今後、同じことがないように話し合ったから今回は収めてほしい」

黒服にそこまで言われたら水に流すしかない。

「明後日、水回りの業者が入るから店は休みにする。そのかわりバスをチャーターして白浜の海の家を貸し切ったから慰安旅行だと思って交流を深めてほしい。もちろん休みになるわけだから強制はしない」

水回りで休み？　話の流れに疑問を抱いた。竜二を見ると竜二も何か思うところあるようで目を合わせて頷く。他のディーラー達は海の家の話で盛り上がっていたが、そこには加わらずに竜二と店を出た。

「話はとにかく水回りで休みってなんかおかしいよな？」

竜二の意見と同じく一連の話に違和感を覚える。

「俺らも店上がろうか？」

竜二は続けてこれから向かう箱について話し、それに乗ることにする。そう決まると竜二は人事を任されている黒服に連絡をした。

「お疲れ様です。俺と田村で誘われている店があるんで今日で上がらせてください」

辞める旨を伝えると黒服から更に条件面の引き上げを提案されているようだった。電話口でかなりの引き上げ幅を手にした流れが聞こえてきたが、最終的に竜二は断り、電話を切った。突然店を辞めることになって仲良くなった面々に挨拶できなかったが仕方ない。リスクが付き物のカジノの仕事は流されて良い結果に転がることは少ない。竜二とどの店で働くか話していたところで高杉から電話が入った。

「おー、たむちゃん、店辞めることにしたんだって。お前らの選択は正解だよ」

情報が回るのが早い。

「高杉君、辞める話どこから聞いたんですか？」

「俺らが店を辞めても手の内はいっぱいいるから情報は筒抜けだよ。まぁ、奴等が白浜行くタイミングで飲み会やるから来いよな」

猪狩や高杉のグループの情報収集力は高く、手の平の上で転がされている気持ちになる。

白浜旅行の当日、店を辞めたことが周知されていないのか電話を掛けるように言われているのか、何人かの元同僚から電話があった。その都度店を辞めたことを伝えると理由を聞かれたが、良くしてもらっていた系列で人が足りないからだと話を濁す。竜二と二人で時代劇で使われそうな佇まいの割烹料理屋に入ると高杉の名前で案内された。

「おー、たむちゃん来たか。竜二も久しぶり」

個室には高杉と機嫌の良さそうな猪狩、店を飛んだ何人かのディーラーの姿があった。

「田村達、よく辞めたよ。店を休みにしたのは警察から警告が入ってるからで、今日空振りに終われば警察も本気になるだろうよ。それにしても臭い芝居打つよな。笑っちゃうね」

いつになく猪狩は饒舌に話した。

「やっぱりあの水回りで休みっていうのは怪しかったですね」

「全部芝居。黒服も上の何人かしか知らない。漫画だな」

トイレをわざと壊し、水回りの業者が来るといって休みにする。警察が警告に訪れた時には空振りに終わる。だが、それでハイそうですかとは警察もならないだろう。

「田村達すぐ辞めないからそのまま働くのかと思ったよ。あー、でも、白浜、俺の狙ってるウェイトレスも行ってるみたいだから二万出してでも行きたい！」

高杉の言葉に一同笑いに包まれた。予想と反していたのは猪狩がこんなにも気さくに話をすることだった。店では面子や立場がいろいろあって大変だったんだなぁと思うと共に親しみが湧いた。

「店はこれからどうなるんでしょうか？」

竜二は点を線にするべく踏み込んで猪狩に尋ねる。

「警告だからまだ騙し騙し続くだろうけど、キチンとパイプ作りきれてないみたいだから早かれ遅かれだろうね。あそこを仕切ってるオーナーサイドいろいろ下手くそだから少ししたら摘発じゃないかな」

猪狩には全体の情報が入っていて流れもよく見えているのだろう。竜二は更に踏み込んだ。

「あの店はいくつかグループ入ってるんですかね？」

「あれだけ大きい箱作ってお抱えがあれじゃあガバガバだよ。研修の時には変なの結構入ってきたなぁ。大体は俺らのこと見て引いていったからそれはそれでいいんだけど。関西や九州のグループまで来てたぞ」

猪狩の話に竜二は顔を綻ばせ頭を下げた。研修中、知らないところで激しいやりとりが繰り広げられてたのだろう。猪狩が気を張っていた理由がよくわかり、猪狩にとって店は戦場だったことを理解した。猪狩が合図をして皆でジョッキを持った。

「えー、皆が摘発を逃れられたことと可愛い子揃いだったウェイトレスに乾杯！」

高杉の音頭はいまいち締まらなかったが、全員が無事で再会を果たせたことに乾杯した。届いた料理は細かく化粧包丁が入れられており、肌を鮮やかな桜色に輝かせた桜鯛、味のある陶器に盛りつけられた天ぷらなどが食欲をそそる。別皿に盛られた車海老の刺身は口に入れると旨味と甘さが引き立ち酒が進む。食事を終えると高杉の提案で女の子のいる店で飲み直しをし、高杉が大はしゃぎでする中、猪狩は綺麗に酒を飲み、こう語った。

「金融屋に間違われたくないから派手に飲みたくない」

高杉に酒を飲まされ続けて潰れた竜二の横で、猪狩と連絡先を交換した。

第三章
地方箱の立ち上げ

1

数日後、竜二と共に歓楽街のカジノへ移籍した。竜二とは早番遅番に分かれ同じ時間帯になることはなかったが、同年代の気さくな従業員達にすぐに溶け込むことができた。

大きなバランスのバカラとミニバカラ二台の他に、申し訳程度にルーレットがあり、初老のディーラーが一人でルーレットを守っていた。元はそれなりに大きかったルーレットグループのトップだったらしいが、六〇歳間近のディーラーは窓際族扱いになっていた。

他の従業員から聞く話を合わせると、以前は三〇人くらいを束ねる親方だったが張りプロ達にカモられ、〝勝負できる調整が取れない〟と何箇所かのカジノで戦力外通告を受けたという。抱えていたディーラーも離れていき、どうにか昔からの知り合いであるオーナーに拾われたということだった。

店でもルーレットは勝負しない方針で、客が少しでも勝ち上がればウィールをぐるぐる一五周程度まわし、全てを確率に委ねることになっている。客からしてみればそのような行為は〝勝負から逃げやがっててつまらねぇ〟となってしまうし、技術がなく遊ばせることもできないディーラーだと烙印を押されることとなる。

本来セミプロレベルが一番熱くなりやすく、下手に自信がついているから引き時を誤り、結果多くの金を落とすことが多いので、いかにセミプロや下の方の張りプロから抜けるかに全てがかかっている。そのような客と店が戦っていると場は盛り上がるため、自然と野次馬達が集まりルーレットが華やぐ結果となる。そんなプレーができないと業界で生きていくのは難しくなる。老兵の背中はそう語っていた。店では雑用をこなし、客の車の駐禁を見張ることが一番の仕事となっていた。

一ヵ月程働いていると同僚の大学生ディーラーから地方の話が舞い込んできた。

「地方の新規開店の話が来たんだけど大学あるから地方は行けないんだよね。田村君行く気ない？」

「その話、詳しく聞かせてください」

「いやね、間にブローカーみたいなのが一枚噛んでるんだけど、月五〇万と上がりの五％出すって話でさぁ。俺は抜かないから安心してのびのびやっていいよ」

ブローカーが噛んでるのは気になるが悪い話ではなく飛びついた。地方遠征はディーラーの花形でもあり、従業員もこちらで揃えていいとの話だったのでそのブローカーに会ってみることにした。休みの日に合わせて段取ってもらい、電車を乗り継ぎ房総方面に向かう。

駅を出ると日焼けした肌に茶髪の髪を後ろにまとめた身体の大きないかにもブローカーといった男が周囲を威嚇するように立っていた。

「紹介で来た田村といいます」

「俺は亀田、よろしくね。うちのディーラーの子が就職決まっちゃったからお願いできる人を探してたんだよ！」

やけにデカイ声の亀田というブローカーについていたディーラーがまともに就職するとは思えなかったがとりあえず話を信じる。そのまま駅前の喫茶店に移動し、席に着くなり亀田は勝手にアイスコーヒーを二つ注文した。

「オープンは三ヵ月後で店を作るところからやってほしい。ディーラーは三人集まるかな？　ルーレット置くつもりだからルーレットできるディーラーがいいな」

こちらの経験や流れを聞かずに続けた。経験を聞かれないのは好都合でもあるが、このどんぶり勘定具合からすると繁盛店を作ろうというより、金を出すオーナーから搾ろうという魂胆なのだろう。第一感でそう思った。

「ディーラーは集まると思います。寮や経費はどうなるんですか？」

「顎足枕（顎＝食事代、足＝交通費、枕＝宿や寮代）は心配しなくてもいい。経費と別に月五〇出す話は聞いているよね？　寮は広めのマンションふた部屋借りるから来週頭から向かってもらえると助かる」

日焼けや茶髪から漂う胡散臭さとは対照的に話の中身はまともだった。オーナーを口説き落とせただけあってロジカルな話もできるらしい。

「明日返事する形でもいいですか？　他の二人にもあたらなくちゃいけないので」

「あてにしてるから頼むよ。とにかくオーナーは太いから心配しないでくれ」

条件は十分だと思えたが即答は控えた。話に乗ってくるディーラーには心当たりがあるが、どうせ地方に向かうなら気の合う仲間と楽しく過ごしたい。

「地方の話入ったんだけど行かない？」

まずは竜二に連絡した。

「うそっ、マジで。いいじゃんいつから？」

「来週頭には来てほしいみたい」

「他には声かけてないの？　俺は話してみないとわからないけど店辞められそう」

「初めに声かけたから行こうよ。じゃあ詳しくは後でな」

竜二と向かうことができる。そう思うと一気に勢いがつき、後一人は隣の中学の越智が浮かんだ。日本のカジノの存在を知る切っ掛けになったサウナで会った同級だ。早速連絡してみると運送のルート配送をしていた越智は二つ返事で受け入れた。

2

飛行機から降りて、まぶしい太陽の光が降り注ぐ四国の大地を三人で踏みしめた。そのままアロハシャツが似合う彫の深い顔をした現地の名義人に迎えられ、寮となるマンションに向かった。

二〇分くらい車で走り、住宅街を突き進んで家もまばらになった先に綺麗な八階建てのマンションがあった。八階の部屋に荷物を置いて繁華街にある設営中のテナントに向かう。地方で店をオープンするまでの開発営業スキームは以下の通りだ。

・店舗の内装を始め従業員を募集し、地域に根差すべく飲食店などに向かい営業活動をする
・従業員の研修を行い、八号許可を申請しながら引き続き営業活動を行う
・開店して客の店などに営業していく。研修生の中で頭角を現した者に役職を与え競争を煽り、最終的にはポストを譲り店を去る

繁華街のど真ん中にあるテナントビルに到着すると、テニスコート一つ分くらいの広い店内でこんがりと日焼けしたブローカーの亀田が内装業者と話をしていた。

「おいぃ、お前ら。絨毯運ぶの手伝ってやれ！」

いきなり内装業者の仕事を手伝えと言ってくる。竜二も越智も明らかに不満そうな顔だ。五人程いる内装業者に権力を誇示したいのだろうが、挨拶もしないうちとはタチが悪い。紹介者としての顔も潰されたが仕方なく手伝うことにした。

「なんだあいつ。殿様気分じゃん」

「まぁ、これも店づくりだと思って堪えてよ」

不満を口にする竜二をなだめつつ終業時間まで内装を手伝ううちに職人達と仲良くなり、美味し

い店や穴場スポットを聞けたので一旦矛を収めた。

「おう、皆で飲みにいくぞ！」

一七時になると亀田は偉そうに言い放った。車で来ているからと何人かの職人は断ったが、運転代行を呼んでやると丸め込み、皆で飲みにいく運びとなった。ひと通り片付けが終わると亀田の号令の元、繁華街中心部へと歩き出す。

地方の美味しいものが食べられれば悪い流れも良くなる。結果良ければ全て良し。浮き足立つ皆の気持ちをよそに亀田はあろうことか全国チェーンの居酒屋へと入った。全員のモチベーションが猛烈に下がるのがわかる。

「好きなもん、いくらでも頼んでいいぞ！」

大盤振る舞いするかのように言うが、チェーン店ではたかが知れている。

「高いものから順番に全部持って来て」

竜二の声が雰囲気を切り裂く。

「お前ら食べ切れるんだろうな！」

亀田の言葉で場に緊張が走るが竜二は気にする様子もない。そんな空気をよそに地元の人間達からナンパスポット、お勧めの海岸、地元で流行っているバーなどの話を聞き、相手からも東京のことを聞かれて宴は盛り上がっていく。続々と届く料理は遂にテーブルに乗らなくなり座敷にそのまま置かせて飲み物だけが激しく回転する。

「これで払っておけ！　俺はもう帰るから」

　蚊帳の外になった亀田は機嫌を損ねたのか一〇万円を置くと領収書をもらうように念を押し店を後にした。職人達に代行の金額を払うことを考えるとギリギリになっていたが折角の一期一会だから楽しく過ごそうと三人の話は付き、職人達と飲み続けた。

「田村、なんかあいつカジノで働きたいって言ってるんだけど」

　職人の中で手元をやっていた同世代で長身痩躯の茶髪のヤンキーがカジノに興味を示していた。同世代でディーラーという仕事に興味を持つのはわかる。個室を抜け出しトイレの前でヤンキーに話を聞いてみることにした。

「吉岡っていいます。今はアルバイトで内装の手元しちょるんですけどカジノで働きたいんですよ。どのくらい練習すればディーラーとして働けるんですか？」

　ディーラーサイドの責任者と話したかったらしく直球の疑問をぶつけてきた。業者から引き抜くのは気が引けたがアルバイトという立場上、彼にも選択権はある。

「来週の情報誌に募集の広告打つことになってて、それからオープンまで研修期間があるからその頃にはディーラーとしてできるようになっていると思うよ」

　お互い酔っている中、距離感を保ちつつ吉岡を見ると本気で言っているようだった。改めて考えてから連絡を取り合うことを約束し、他の人に気付かれないように宴に戻った。

翌日、昼過ぎに目を覚ますと竜二と越智は既に起きていた。

「飯食いにいこうぜ。さっきコンビニ行くついでに散歩してきたら美味そうなところ見つけたよ」

簡単に身支度を済ますと越智の見つけた店で食事をすることにした。

「昨日の吉岡君、グロリア乗ってて今度コンパ開いてくれるってよ」

竜二はどちらにしても日曜日に吉岡と遊ぶ約束を取りつけていたようだった。コンパという言葉に一同色めき立ちながら越智が切り出す。

「昨日の彼、いくつなの？　俺らより上なんじゃない？」

「俺らと同い年で彼女はキャバクラで働いてるんだってさ。少年院行ってたみたいでそれなりの顔っぽいよ」

鯛めしをかっ喰らいながら竜二の情報に皆が集中する。早速の地元のツテと吉岡の話題で盛り上がり、昼飯をたいらげた。その後は特にやることも決まっていないのでテナントに向かう流れになった。

タクシー移動の道中、今度は亀田の悪口で盛り上がる。いざ口火を切ると外見や細かい仕草、胡散臭さや声真似と止め処なく馬鹿にした様子で続き、ついに越智がどじょうに似てるからと〝どじょっ子〟とあだ名を付けた。やはりキチンと挨拶しなかったのが決定打になり悪者として馬鹿にし続けた。

店に着くと職人達に挨拶し、吉岡にはわざと他人行儀に接して業者の仕事を手伝う。

「今日、仕事終わった後時間ある？」

吉岡にメールを送ると間もなく返信が来た。

「時間あります。よろしくお願いします」

しばらく手伝いをしているとオールバックで髪を固めた水商売風の男がやって来た。

「ディーラーの田村です。よろしくお願いします」

「キャッシャーの菊池です。よろしく。後の二人もいるのかな？」

竜二と越智を呼び、それぞれキチンと挨拶をした。

「昨日の領収書もらっておこうかな。その都度領収書出してもらえれば精算するから」

菊池から〝経費〟と書かれた封筒を渡され、中に一〇万円入っているのを確認する。キャッシャーという立場はオーナーサイドの金庫番であり、初めて会うオーナーサイドの人間がまともそうな人で安心した。

「店長が後で来るから一緒に営業頑張ってね」

菊池はそう付け加えると一本電話を掛ける。引き続き職人達の仕事を手伝っているとスーツ姿の愛嬌のある男がやって来た。

「店長の堀といいます」

堀はいかにも高級そうな身なりをしていたが偉ぶる様子もなく深々と頭を下げる。年の頃は三〇過ぎくらいで左手の薬指には指輪が見えた。

「皆さんには期待していますので営業よろしくお願いします」

竜二と越智に丁寧に挨拶し、職人達にも一人一人に声を掛けた。

内装は半分が終わり、カジノ台やルーレット、罫線のモニターやドリンクホルダーなどが到着し、カジノ用品の設置を始める。傾きが命取りになりかねないルーレット台は躯体と土台をコンクリートで固め一体化させた。


夕方になり職人達が帰ると店長の堀に先導されイタリア料理店に向かった。

「ここのオーナー、博打が大好きなんですよ」

そう堀が耳打ちするとオーナーがやって来た。

「こんばんは、もうディーラーの子達も来たの？　忙しくなるねぇ」

いかにもどんぶり勘定で店を回していそうなオーナーに自己紹介するとプロシュートをサービスで出してくれた。堀の話を聞くと二週間前にはこちらに来てキャッシャーの菊池と寮を借りているということだった。

「このあたりはルーレットが昔から流行っているみたいで小さいカジノは結構ありますね。私も一軒しか行っていませんが客は入っていましたね」

既に相当数のカジノがあることには少し驚いた。堀によると全部地元の人間がやっているということだった。

「どんなカジノか見てみたいですね」

「うーん、二軒目行ったら同業者だって断られてしまったんですよね」

意外と警戒されるらしく他のカジノを回ることは難しそうだった。次々に運ばれてきた料理とワインを堪能しながら吉岡の話を切り出してみる。

「内装に入ってる業者のアルバイトの子がカジノやりたいって言ってるんですよ」

「あの背の高い活きのいい子？」

堀は察しが良く吉岡のことを認識しているようだった。

「いいんじゃないですか？　面接抜きに採用でいいですよ、あの子だったら」

その言葉を聞いた竜二はすぐに吉岡に連絡した。その間、料理がこれでもかこれでもかと運ばれてきてワインを三本空けた頃に吉岡は到着した。

「おー、来た来た。吉岡君、採用！」

堀は吉岡の顔を見るやいなや酒の勢いも手伝って声を掛ける。

吉岡は嬉しそうに頭を下げ、輪の中に腰を下ろした。

吉岡への良い知らせと新たな仲間の合流に再度乾杯すると、オーナーからは頼んでもいないのにシャンパングラスが運ばれて堀の音頭でシャンパンが開けられた。堀はとても気さくで話しやすく皆の兄貴分のような存在になっていた。店の現場に立つ面子に一体感が生まれるのはこれからの店として歓迎すべきことだ。

酒も程よく回り料理の手も止まった頃、竜二は唐突に切り出した。

「吉岡君の彼女さんがキャバクラで働いてるらしいんですけど堀さん営業行きません？」

初めての〝営業〟がキャバクラというのはどうかと思ったが、上機嫌な堀は話に乗ってきた。

「今まで一人だったからスナックとかばっかりで派手なところ行きたかったんだよねぇ」

吉岡をはじめ一同が驚く中、堀は得意げに経費袋を取り出すと上下に揺らしチャリンチャリンと音を鳴らした。


堀はキャバクラの黒服に、今度オープンするカジノの店長をやると自己紹介し簡単に面々を紹介する。魚心あれば水心、総勢五人で現れた客に対して黒服は大きなリアクションで「それはそれはこちらこそお願いします」と答え店内に案内した。

堀が吉岡に彼女を指名するように言うと黒服は待ってましたとばかりに呼びに向かう。しばらくして吉岡の彼女が席につき、堀の指示で彼女と仲の良い女の子をまとめて指名した。堀は要点を踏まえて綺麗に金を落とし、軽く彩られたテーブルで宴が始まった。

「お客さんとカジノ行ったことあるから私と行けば入れるよ」

堀が断られた店でも問題ないと吉岡の彼女は答える。確かに店が華やぐ女性の入店はカジノにとってプラスしかないと思われた。

「私は行けないけど田村君良かったら行ってみてよ」

堀がヘネシーのグラスを傾けながら切り出すと、女性陣からはカジノに入る方法が次々と語られ、堀はそれなりのシャンパンを二本下ろした。この地域のカジノに入るには女性の力を借りればどうにかなりそうだと思える。

店を出ると堀は帰宅し吉岡の彼女の仕事が終わるのを待つ。この地域のカジノ事情を知ることができるメリットは大きく、吉岡の知り合いのバーで時間を潰した。そのバーでは東京から同年代が来たということだけで地元の連中は話に食いついてきた。三人共それなりに都内の盛り場事情やカウンターカルチャーに精通していたため、話題は途切れず彼らの好奇心は止まることがなかった。越智得意のバイクのゼロヨンや湾岸の話で盛り上がっていると吉岡の彼女が現れた。店でのドレス姿と違い、ラルフローレンなTシャツにデニムというカジュアルな格好で、作業着姿の吉岡と雰囲気が馴染んでいた。

深夜一時を回った頃、堀が断られたカジノへと向かった。店の前のカメラに吉岡と彼女が立つと呆気なく電子キーが開く。

「いらっしゃいませ」

バカラ台が二台とルーレットが置かれているぐらいのこぢんまりとした店内だったが、地域で一番流行っているだけあって半分以上の席が客で埋まっている。

「初めてのお客様はこちらで会員カードを発行しますのでこちらに目を通しサインしてください」

角刈りで長身の黒服から説明を受け、一人しかいないウェイトレスからおしぼりを受け取った。

「今日はどちらのゲームで遊ばれますか？」

「ルーレットをやってみようかな」

吉岡と彼女はそのままソファーに座り三人でルーレットに行く旨を伝える。店の全体を見渡すと方言が飛び交っていて、自分達にとって慣れない言葉が鉄火場の空気を盛り上げているように感じられた。それぞれ一万円ずつ出してチップを受け取る。

「これは経費で出ないからガチで行くぞ」

竜二も越智も元来博打好きな上、酒も入っている。いくら走るかわからないので釘を刺す。

「勝てばいいんでしょ、勝てば」

竜二と越智は既に臨戦態勢で前のめりにチップを鳴らし、玉が投げられるのを待っている。数投投げられ浮き沈みしていると手つきを見たのか黒服に声を掛けられる。

「ルーレットうまいですね。ディーラーの方ですか？」

ここまで来たら下手に隠しても仕方がない。元々隠すつもりだったらルーレットはやらないし、嘘をつくのも後のことを考えると得策ではない。

「はい、ルーレット調整よさそうですね」

「東京でディーラーやってるんですか？」

竜二と越智が張りに夢中になっている中、手を止めて黒服対応に集中する。

「東京でやっていて今度こっちで店を開く話があって来たんですよ」

断られるかと思ったが黒服は興味を持っているようだった。

「三人ともディーラーでしょ、店ってそんなに大きいの？」

黒服に聞かれ店の大きさや流れを一通り話す。話が終わる頃、竜二と越智はそれぞれいくらか負け熱くなり始めていた。

「そこルーレットはあるの？　ルーレットあるなら遊びにいくよ」

競合店というよりも若い人間が来て地域のカジノが活性化するならウェルカムといった感じの対応だった。ルーレットに戻ると吉岡と彼女にチップを譲り竜二に張り方などを教えさせ、皆でゲームを楽しんだ。


「吉岡君の彼女、雑誌に載ってるよ」

昼過ぎに越智の言葉で目を覚ました。越智がコンビニで風俗情報誌を立ち読みしていたら昨日行ったキャバクラが載っていて、吉岡の彼女が何人かの女性と一緒に微笑んでいた。竜二と越智が熱心に情報誌に目をやり声を上げる中、携帯を見ると堀から着信が入っていた。

「堀さんおはようございます。連絡遅れてすみません」

「おー、田村君。昨日はあの後どうでした？」

堀に聞かれ問題なく店に入れたこと、店側も東京の人間が来てカジノができることをあまりマイナスに考えていないことを伝えた。

「そうですか。昨日の営業は少し足が出たけど収穫がいろいろあって報告しやすいですよ。今日、面接が夕方にいくつかあるので田村君にも来てほしくて連絡しました。ゆっくりでいいからこっちに向かってくれませんか?」

求人の募集は当たりがよく週末だけで二〇人前後の面接を行なった。主婦や働ける時間が少ない何人かを除きほぼ採用することになった。内装が終わると研修を始め、適性を見て仕事を決める。その間は紹介された飲み屋やカジノに通い繁華街に知り合いを増やした。特にテナントの上の階にあるオカマバーには遊び慣れた客が集まることがわかり、週に三、四回は足を運び記憶がなくなるまで飲み明かした。

3

いろいろなところから花が届き、各方面から客が集まり、華々しい開店を迎えた。店内はオカマバー、他のカジノ、スナック、キャバクラの関係者などでごった返している。越智はバカラテーブルを仕切り、自分と竜二は一番沸いたルーレットを切り盛りした。

「なかなかルーレット仕上がっとるね。ウィール回さんと勝負せい!」

見たこともない地域の長老達にそそのかされるが自分達のスタイルを守り、ウィールは二周くらい回して対応する。綺麗に遊ぶルーレット客相手に浮き沈みしながらも、店のチップは徐々に増えていった。研修生が担当するテーブルでは何度かミスもあったようだが、揉めることもなく店の進行は温かく見守られた。客が客を呼んだのか堀は客の入りに満足しているようだった。

「今日は無事に店をオープンすることができました。各テーブルも数字をあげ、大きなトラブルもなくここまで来れたのは皆のお陰です」

堀の一言でミーティングは締められ皆には大入袋が出た。こちらへ来てから大箱のオープンまで漕ぎ着けたことは大きな自信に繋がった。

オープン後三ヵ月程働く中、ブローカーの亀田がオーナーサイドと折り合いが悪くなり亀田サイドは店を上がる運びとなった。その頃には歩合を合わせると月に七〇万円くらいの手取りになり、研修生達や後から入った人間も育ち、現地の人間達だけで回る状態になっていた。後ろ髪引かれながらも都内へ戻る手はずを整える。

堀と良い関係を持つことができ、歩合は店を上がっても渡してくれると約束してくれた。堀にはできれば残ってほしいと言われたが兼ね合いもあって難しい。亀田とオーナーサイドがトラブルを起こしたとなると現場が良い流れだとしても亀田からの話だけに上がらざるを得ない。噂では金銭面のトラブルがめくれたらしく、亀田の強引でケチなイメージがそのままトラブルになってしまった形だろう。

「俺が店を上げてやったのに礼儀がなってねぇ！」

声を荒げて食い下がったという亀田の姿が目に浮かぶようだった。

ちょうどその頃、たまたま高杉から連絡があり、そろそろこっちを上がること、地域のカジノの状況、ルーレットの店がたくさんあることなどを話すと高村の横にいた張りプロの大原が食い付いてきた。

「田村、俺、そっち行ったら遊べんのか？」

地域のカジノに入るなら鉄板の吉岡の彼女の話をする。店をやっていた都合上、直接手引きはできないが段取りはつける約束をした。

「田村が帰る前の日、そのキャバクラ行って女に紹介してもらう流れにしよう」

店を上がった日に大原は合計三人で乗り込んできた。吉岡にだけ事情を話すと吉岡は休みを取って合流することになった。送別会を兼ねて吉岡の彼女のキャバクラに向かう。

ある程度、キャバクラで金を落とすと、予定通り大原はアフターの女の子をつれてカジノに向かい、自分達は行きつけになったバーに移動した。そのまま竜二や吉岡、吉岡の彼女達と四国最後の夜を楽しむことにした。すると吉岡の彼女から耳打ちをされた。

「さっきのディーラーの人達がルーレットでずっと勝ってるみたい」

「あの人達はルーレットのプロだから多分負けないで勝ち続けると思う。たまたま遊びにきた感じになってるかな？」

吉岡の彼女はそこは大丈夫だと話す。

「派手に勝つと思うから関係だけ表に出ないようにお願い」

吉岡の彼女は頷いた。竜二と越智にそのことを話すと大事になってはマズイと寮に帰ることになった。すると吉岡が立ち上がり丁寧に頭を下げた。

「田村さん、土屋さん、越智さん、今日はごちそうしていただき、そして親身になって育てていただき、ありがとうございました」

吉岡は後輩という距離感からか竜二のことを名字で呼んでいた。竜二が照れくさそうに答える。

「湿っぽくなっても仕方ない。まあ、がんばってよ」

軽く肩を叩いて店を後にした。


翌日、高杉からの電話で目を覚ました。

「たむちゃん、聞いてよ。大原昨日二〇〇万くらい勝ち上がったらしいよ。それでも店の人間は勝負するって言ってるらしくて他の店も回るって。それはいいけど大原にキャバクラの女の子紹介したのズルイじゃん」

「紹介つってもカジノに入るために紹介したんですよ。やっぱり大原君強すぎますね」

身内博打でやられたことを思い出し、大原レベルはやはり格が違うと思い知った。

「早く帰ってこいよ。飲みにいこうぜ」

高杉はそう告げると機嫌よく電話を切った。堀に大原の件をどう伝えるべきか竜二に尋ねると、こう答えた。

「うーん、俺は堀さんにだけは話した方がいいと思うよ」

大原とはうちの店には来ない取り決めができていたので、それを伝えるべく堀に電話を掛けた。

「おはよう。昨日のルーレットディーラーのことでしょ？　凄い噂になってるよ。田村君の知り合いなんでしょ？」

現場では話が出ていたらしく、察しが良い堀にディーラーは知り合いだということ、ウチの店には手を出さないということを伝えた。

「ああー、よかったぁ。オーナーにはうちに来たらどうしようって報告したところだよ。オーナーは田村君達には残ってもらいたいみたいだけどそうすると亀田がまた図に乗っちゃうからなぁ。東京に戻ったらまたよろしくね」

その口調から亀田の図々しさが改めて想像でき、苦笑いするしかなかった。

亀田のイレギュラーさえなければ残りたいという気持ちもあったが、兄貴肌の堀にはいくら感謝をしてもし足りない。あくまでも立ち上げ要員であるため、周りにキチンと挨拶をして名残惜しく別れるよりも先の流れを考え〝いきなり何も言わずに帰った薄情な奴等〟くらいに思われた方が残った面々がやりやすいと思い、堀と吉岡以外には別れを告げずに飛行機に乗り込んだ。

第四章
緊迫の直営店

1

地方から戻ると高杉に飲み会に誘われた。大原のルーレットの結果が気になりながら指定された個室の居酒屋へと向かう。

個室に入ると猪狩と久しぶりの対面となった。

「田村、元気そうじゃん」

「ご無沙汰してます。地方はまずまずで楽しかったです」

「大原は今日来てないけど結局八桁勝ち上がって取れるだけ取ってきたらしいよ」

そう言うと大原からだと封筒を渡してきて、中には一〇万円入っていた。

「さすがに大原君強いですね。あっという間に噂が広がりましたよ」

「ルーレットに関しては滅法強いね。あいつ都内じゃまともに受けてくれるところも少なくなったから気が立ってるけどね」

いくら強くなろうとも受けてもらえなくなってしまうとどうにもならないのだろう。極めてしまったゆえの悩み、大原も大原で悩みはあるんだと感じた。

「田村、身体空いてるんならパチンコの話手伝わない？　地元の奴とか連れてくれればそれなりの金になると思うよ」

突然の誘いに戸惑いながらも地元で暇をしている連中が浮かび話を聞いてみることにする。

「中国人連中が裏ロム仕込んでるから打ち子が必要なんだよ。そんなにリスクなく一日三、四万くらいになるよ」

リスクがないという言葉はそのまま受け入れられないが日当は魅力的で、詳しく聞いてみることにした。もともとその中国人は仲良くなったカジノ客で、グループとは関係ない猪狩個人として拾った話ということだった。話が決まるなら明日にでも現地に向かう手はずで、こちらの地元の空いている人間をあてにしているようだった。

「たむちゃんもやればいいじゃん。イガちゃんの話なら外れはないと思うよ」

高杉の後押しもあり、翌日落ち合うことを約束して店を出た。地元の面子に声を掛けると稼げるパチンコの話に皆乗ってきた。地元の連中と回る仕事は金銭面以上に皆が仲良くなるのが嬉しい。


待ち合わせ場所に向かうと、身長が一九〇センチ近くある巨漢がいた。愛嬌のある顔で挨拶をして来たのでこちらも挨拶を返した。猪狩は携帯で誰かと連絡を取ってから、車で一時間程走った場所にあるスーパー銭湯に向かった。

「あの店でイタズラしてたディーラーさらったら聞いてないことまでペラペラ喋りやがるの。最終的には金で折り合いついたけどケツは地元の先輩とかいうやつで電話先ですぐにケツまくっちゃったよ。いくらか渡してただろうに、あんなのケツでよく跳ね返ったたね」

「あのケツ持ちはウケたね」

車中の巨漢と猪狩は、いろいろなグループや組織の話、金を掴んだ昔話からディーラー同士の喧嘩でドライバーで目を刺した話などをしていた。二人は視野が広く様々な事柄に精通しており、とても勉強になった。

スーパー銭湯に着くと、中国人と一見中国人に見える〝パンツ〟と呼ばれる日本人の取次役が食事スペースの奥の座敷で待ち構えていた。

「明日からでも日本人一〇人集められる?」

パンツと名乗った日本人は皆が席に着くなり周囲に聞かれない程度の声で話し出した。猪狩が自分と巨漢を示しながら答える。

「こっちは集められるよ。こいつとこいつで五人ずつ、一〇人で明日から稼働できるよ」

明日からとは聞いていなかったができないわけではなく、猪狩の発言を咎めはせずに頷く。

「じゃあ明日から稼働してほしい。もうロムは仕込んであるから明日九時にここで待ち合わせよう」

パンツの話は簡単に決まった。横の中国人は日本語が話せないのかこちらの三人の様子を顔色から窺っているようだった。

猪狩は金銭面を持ち出さずに話を終わらせた。既にそこらへんの話はついているんだろう。電話口で話せる内容をわざわざ会ってしたのは中国人からの注文だったのか、面通しのような集まりは世間話もなく終わった。ひとつ言えることは集まっている人間が怪しすぎて、周りからは浮いているように感じられたことだった。自分達の席の周囲に明らかに人が少ないのは触らぬ神に祟りなしということだろう。

　帰路の車中、猪狩が報酬について話した。

「田村に金の話をしてなかったね。換金する出玉の三割が給料になる。連れてきた人数掛ける二〇〇〇円は別に払うからそれでいいかな？」

　猪狩の話は金が悪くないのはわかっていたので細かく計算はせず受け入れた。


　翌日、越智を含めた地元の面子四人とオデッセイに乗ってスーパー銭湯に向かうと、パンツの元に五人の日本人が集まっていた。昨日の中国人の姿はなかった。巨漢が集めた男達はいくらか年齢層が高く、目からは感情が読み取れなかった。

「おー、来た来た。もう説明は終わったからそっちの車乗って向かいながら説明するよ」

　パンツはそう言うと車に乗り込んできた。

「おはようございます。よろしくお願いします」

　挨拶をすると地元のメンバーもそれに続いた。街中ではそれなりに鳴らした面々だったがパンツが身にまとう雰囲気に悪ぶった様子はなく、その代わりに見た目は普通ではあるけれど裏仕事をして来ている凄味が感じられ、越智以外の地元のメンバーは多少気後れしているようだった。

「後ろの車はついてくるからとりあえずインターに向かってもらえるかな」

言われた通りインターへ向かいながらパンツの説明を受ける。

「今日打ってもらうのは大工の源さんで、真ん中の数字が五か八で止まったら四五秒間に二発スタートチャッカーに入れて、次は右にはっぴかヘルメットが止まったら四五秒間に一発だけ入れると一三回転目で当たるから。真ん中の数字が五なら単発、八なら確変。それで一〇箱くらい出したら終わりの二軒持ちね」

今は五店舗に仕掛けてあるようで、個別の店舗や換金所の雰囲気を伝えられる。やり方や番台はメモらないで覚えること、わからない点があったらその都度連絡することなどの指示を受け現地へと向かった。

車は現場ではなく二〇〇メートルくらい離れた場所に止めるように指示され、それぞれ言われた通りの番台に座り打ち込むと呆気なく当たりを引いた。ほぼ当たるはずがないノーマルリーチからの当たりが多く、隣の客がビックリするのでそれに合わせて驚いたりしたが、こなしてくるとどうせ空気は悪くなると割り切って作業として打ち続けた。

たまに中国人らしき人間が客を装い監視にくるくらいで特に変わった様子もなく、言われた通りの出玉で二軒のノルマをこなした。ノルマが終わると三、四万程度の報酬を受け取り一ヵ月くらい稼いだ。結果、その地域のパチンコ屋は七軒店仕舞いすることとなった。

後半はちょくちょくパンク（朝から出しっ放しで張り詰めた空気になるが出しの四割配当と割はいい）の店の仕事も多くなり、警察が来るなどのトラブルはあったが完全な証拠は挙がらず、捕まることはなかった。パチンコの仕事が終わった時、気になっていたことをパンツに聞いた。

「そういえば、なんでパンツって名乗っているんですか?」

パンツは太ったお腹をパンと叩いて答えた。

「パンツって中国語で〝子豚〟って意味なんだよ。俺、この体型だろ、中国人と仕事する上で覚えてもらいやすいし、いい感じでからかってもらえたりするんだよね」

2

パチンコの仕事と入れ替わりに歓楽街にオープンするカジノの話が入ってきた。時給三〇〇〇円の一二時間仕事ということもあり、かなり割はいい。話を聞かせてもらいたいと返答すると、方々に声をかけているらしく、懐かしい面々と顔を合わせることになった。

待ち合わせ場所の喫茶店に着くと、僕が初めて働いたカジノにいた清宮と菅原も参加していた。

「おーたむ、久しぶり。俺らも参加することにしたよ」

清宮は愛嬌のある顔で話しかけてくる。

「久しぶりです。今回の話はおいしいですね。僕はあれから何軒かカジノ回りましたよ」

清宮には簡単に店を辞めてから今までの経緯を話した。清宮は感慨深そうに頷く。

「たむも巣立って渡り歩いていたんだな。皆でまた働けるとは思わなかったよ」

確かに皆でまた働けることは嬉しく、金銭面も悪くないことが喜びを後押しした。

「でも、一日三万六〇〇〇円の週払いは嬉しいよなぁ」

清宮の話に同意しながらディーラー七人、ウェイトレス二人の合わせて九人で店に向かう。

しかし、店に着くと、高い時給を出してまでディーラーを集めたかった理由がわかった。店内に入ると、清宮の顔は少し引きつった。店側にはどう見ても稼業の人間しかおらず、一見してわかる〝直営店〟だった。自分達にとってヤクザの存在は身近と言えるものではなく正直気後れしてしまう。

店外の踊り場で、ここで働くかどうかのミーティングをする運びになった。

働かない派は触らぬ神に祟りなしと譲る気はなく、清宮ともう一人のディーラーは抜けることになった。菅原や自分ら五人のディーラーとウェイトレス二人は働くことにした。

「たむ働くの？　俺はちょっとあの雰囲気は嫌だなぁ。金は良くってもなんかあったら嫌だよ」

清宮は心配そうに言う。

「はい、働きますよ。どんな話でもディーラーとしてなら対価がある限り働きます」

天真爛漫な清宮は働かないほうがいいと思うのと同時に、少し会っていないうちに業界の黒い部分を見て染まってしまっている自分に寂しさを覚えた。どんな流れでもこちらに落ち度がなく、提示された給料が払われるなら働くつもりだ。清宮は菅原のことも心配していた。

「菅ちゃんも働くのかよー」

菅原は意に介さない様子だ。

「俺は大きな場面も撒いていたし、そういうの慣れているからね」

「そうか、だったらいいけど気をつけろよな」

「大丈夫大丈夫」

結局、辞退することになった清宮ともう一人のディーラーはその場で立ち去り、残った者は店の人間と条件面の確認などをすることになった。

「たむ、菅ちゃん、またねー！　今後、皆で集まって飲もうね」

清宮は去り際に手を振ってくれた。


この店の関係者は全員その筋の人間で張りつめた空気が漂っていた。店のサクラまで稼業の人間を使っていたことには驚いたが、客は韓国人や中国人が多く、彼らは一〇〇万円のチップを買うとついてくる一〇万円のサービスが目当てだった。通常、このサービスの割合だとツーシュート（バカラで言うと一〇〇回程度）、ルック三回までというルールが多いが、この店ではワンシュート縛りで客も自由にしていた。結果的に数万円浮いて帰る客は多く、店が儲かる流れは見えなかった。オーナー食いなのか、別の仕掛けがあるのか、店を開けた意図がいまいち読み取れない中、日当のために忙しく切り盛りしていた。

トラブルが訪れたのは初めの給料日だった。

「店の数字が上がってないから給料は少し待ってほしい」

オールバックで頭を固めた黒服の稼業はいきなり給料遅延の話を切り出した。始めから給料を払うつもりがなかったのか実際に数字の問題なのか定かではなかったが、引くことはできない。ミーティングで集まっている関係者は全員が稼業の人間。店内には重苦しい空気が漂い、ディーラーは顔を見合わせるものの発言する者はいない。ディーラーとしての所見を伝えるべく、一歩踏み出した。

「店が上がってるか詳しい数字はわからないけれど、ディーラーも身体を懸けて働いているから給料はキチンと払ってもらいます」

黒服の頬が引きつる。だが、こちらは引くつもりはない。

「それがなければ皆今日で上がります」

軽くブラフをしかけると黒服は顔を歪めた。周囲には組の役職者と思われる面々が座っていたが、表情からは感情を読み取れず言葉も発しない。

「俺の言うことが聞けないってわけか?」

黒服は決定事項だと言わんばかりに本性を現しながらプレッシャーをかける。

「聞く聞けないの問題ではなく働いた分は払ってもらうということです。店とディーラーの関係は金銭の繋がりだから疎かにしてもらっては困ります」

「どういうことだ?」

「払うはずの給料は払ってもらう。それでなければ上がる。それだけです」

七人分の給料だけで二〇〇万円近くになる。相変わらず五、六人の関係者は事態を見守りながら言葉を発さない。ディーラーの取り扱いはオールバックの黒服の役割なのか、黒服は肩を震わせながら何やら考えていた。

引き延ばせるはずの二〇〇万円が払い出せないとディーラーが上がってしまい店が機能しなくなる。店が機能しなくなるとディーラーをまとめ上げる役割の自分の下手打ちになって、何かしらの絵が壊れる。これ以上強く出ようか引き下がるか睨みながら考えているようだった。どの程度強く出れば思うように従うかこっちを見定めようとする目は澱み切っていた。

沈黙の後、オールバックの黒服は口を開いた。

「おう、お前らちょっと店から出とけ」

そして今回の人材を集める話を持ってきたディーラーだけに残るように言い、その他の者は踊り場に追い出された。外に出る瞬間、話を持ってきたディーラーが顔面蒼白になっている様子が見えた。

踊り場に出ると一気に緩和した気持ちと前へ出て張ったまま戻らない気迫が交差した。

「たむ、よくぞ言った」

「ありがとう」

菅原や他のディーラー、ウェイトレスから感謝の声が上がったが気を抜く場面ではない。

構えながら待っていると話を振ってきたディーラーが怒鳴られている声が聞こえてきた。数分後、店内に呼び戻されるとディーラーが給料を袋に詰めている最中だった。とりあえずもらえるものはもらえると胸を撫で下ろし一同に安堵の色が戻った。緊迫した中、順番に給料をもらい店を後にする。

「田村君は今日で上がってほしいって」

話を振ってきたディーラーが耳打ちしてきたが、こちらもそのつもりだと返した。言う通りにならない人間は必要ないのだろう。帰り道が一緒になった菅原にそのことを伝える。

「そうか、たむちゃんやめるの残念だわ。やつらのやり方はこんなことだと思ったよ」

「これからも似たようなトラブル起こりそうですね」

「あー、でも。今回のでこっちの出方もわかっただろうし、どうにかなるでしょ」

「また、なにかあったらお願いします。お先失礼します」

一ヵ月後、沈んだ声の清宮から電話をもらった。

「たむちょっといいか?」

「お疲れさまです。僕も結局あの店上がっちゃいましたよ」

「それがさ、菅ちゃんいたじゃん。あの後、大変なことになったらしいんだけど聞いてないの?」

次回の給料支払いの際に同じようなことが起こった。黒服は「本当に数字が上がっていない。ディーラーとしてはわかるな」と言い、再び給料未払いを宣告してきた。そこで菅原は前回のように黒服に抗議をした。しかし、そのままリンチを受け、ハンバーグのような顔になってしまったという。掛け合いというものは本当に水物で、タイミング、当事者同士の呼吸などさまざまなものが影響する。そのいずれかを菅原は見誤ってしまったのだろう。菅原はこの件で業界を上がり二度とカジノに関わることはなかった。

菅原の顛末を聞いた数日後、知らない番号からの着信があった。着信画面に不吉に並ぶ数字に息を呑み電話に出ると鈍い響きの声が聞こえてきた。

「おみゃー、元気しとるか？」

「お疲れさまです」

丁寧に答えて、クセのある話し方を思い出した。

「どうも、先日はご迷惑おかけしました」

直営店でサクラの役割をしていた稼業の人間だった。

「迷惑なんぞ掛かっとらんぞ、お前達にはこっちこそ迷惑掛けたとおもーちょるんや」

一体何の電話なんだと勘繰るものの声のトーンからは読み取れない。

「おー、いろいろと大変だったのう。あの子可哀想なことになって。この前の話とは別の話があるからおみゃー顔出しーや」

店は直営店で組織ぐるみだったが、そのサクラの人間は他の組織からカジノに明るい人間として駆り出されたとオープン前に聞いていた。勿論、全てを信じるわけではなかったが店の中であくまで中立な立ち位置を取っていたことからも他の人間よりは信じることができそうだった。

「カジノの話ですか？」

「カジノでおーちょるんやからカジノの話に決まっとろう。あれからどこのカジノいきよったんか？」

郊外のカジノに仕事を掛けにいったりはしていたが、知り合いの繋がりでヘルプ要員として働いていたと濁した。

「一回おみゃー顔出しーや。待っとるで来い」

緊張しながら指定された繁華街のパチンコ屋に向かうと、一〇箱程積み上げくわえ煙草で台を睨んでいる姿が見えた。皺一つないピンストライプのスーツ姿だ。

「ご無沙汰しています」

「おー、おみゃーが来るゆーてから連チャンが止まらんのう。さてはおみゃーは上げチンか」

台から目を逸らし口角を上げて笑い掛けてきたが狂気の渦を帯びた目の奥は笑ってはいなかった。カジノでは周りの状況もありわからなかったが、その世界の人特有の鈍い空気に包まれ、明らかに周囲の人とは違う越境者のオーラをまとっていた。

「おー、連チャン終わるまで隣で打ちーや。突っ立っとっても仕方なかろう」

隙のないオーラに気後れしながら隣に座り、緊張が解けぬまま台を直視して玉を弾いた。

「あいつらシノギがうまくいきおらんから無茶しよーて、友達、悪かったのう」

「いえ、僕はキチンとしていただいたんで」

「おー、そうやったそうやった。おみゃーは絶妙のタイミングで逃げよーたな。鼻が利くんは大事や」

そう言うとまた連チャンし、台のランプを押すと驚きの早さで店員は箱を変えた。そのうちに前の一件でお礼参りを受けるかと思っていた気持ちは緩んでいった。

「おみゃーは見とって素質あるおもーたから呼んだんや。おみゃーカジノの〝仕事〟できよろう」

仕事というのはただ働くという意味ではなくカードに手仕事を入れられるかという意味だとわかっていたがあえてはぐらかした。

「まぁ、ええわい。後で詳しく話しよーわい」

二〇分程すると連チャンも止まり、気がなく打ち続けた一万円分の玉は丁度飲み込まれた。

その後、稼業の人間御用達の喫茶店に移動し席を下ろした。

「おー、改めて矢崎や。これ収めとき」

そう言うと代紋入りの名刺を差し出した。普段名刺をもらうことはなく、初めて人から受け取った名刺の重厚感に身体が固まった。そこには直営店の組織とは違う名前が書かれていて、前の店で聞いていた話と辻褄が合った。できるだけカジノで身につけたポーカーフェイスを装い名刺を財布に収める。

「おみゃーケツ持ちおるんかのぅ。どこかに面倒みてもろーちょるんか?」

一瞬猪狩の顔がよぎったがクビを横に振り慌てて言葉に起こした。

「いえ、お世話になるようなことはしていないのでそういうことはありません」

相手のペースに呑まれると話が進みすぎると思い適切な距離感を模索する。

「今度東北で大箱が開くんは知っとろうかのぅ?　向こうの地回りが開くゆうんで話を通しにきた

んよ。おみゃーそこに仲間連れて潜りこみゃせーへんか?」

いきなりの本題に一歩身を引き考えを巡らせる。

「すみません。今、女と住んでいてまだ相手が学生なんで地方に行くことができないんです」

少し緩い断り文句だと頭ではわかっていたけれど、瞬時の切り返しはそれで精一杯だった。女と仕事どっちを取るのかと捲し立てられるかと身構えたが穏やかな言葉が返ってきた。

「せっかくの儲け話なのにおみゃーつれんやっちゃのぅ。彼女に話通すことはできんのか?」

二軒目に働いた大箱にいたウェイトレスと同棲していたことは事実で、四国の箱の立ち上げに参加したことを話していなかったことが幸いした。

「すみません。地方の話は今は難しいです」

「そうか、無理ゆーてもしょうがないかのー。都内でもその内カジノやるけん。そん時は頭数集めて付きおうてや」

しつこく食い下がられるかと思いきやスマートな話の終わり方に少し違和感を覚えるものの、この距離感が矢崎の間合いなのかもしれない。万札でパンパンに膨れた財布から一枚抜くと伝票の上に乗せお開きとなった。

「儲け話あったら声掛けーや」

最後にそう切り出され深く頭を下げた。

3

竜二から携帯が鳴った。パチンコの話に竜二は参加しなかったため、四ヵ月振りに声を聞いた。向こうからも連絡がなかったことを考えるとお互いバタバタしていたのだろう。

「久しぶりだな。どこで働いてたの？」

こちらも何軒か渡り歩いていて報告すべきだったが竜二の近状も気になった。

「いやー、あの後すぐ草でパクられててさぁ。そんでガサ入れで育ててたのもめくれちゃってやっと出てきたよ」

話を聞くと六本木の店が終わった後、カナダ人の同僚からジョイントをもらい車の中で何種類か試していたら寝落ちしてしまい、お決まりの職質でそのまま御用となったらしかった。自宅に家宅捜索が入ると、ちょうどもらった種から芽が出ていたところで大麻栽培で再逮捕され三ヵ月間留置されていたということだ。

「いやー、サティバのワックス塗ってあるジョイントってのを甘くみてたよ。普段ならキマリながら運転して帰るところがぐるんぐるんになっちゃって目回して寝ちゃったよ」

効きすぎて六本木のど真ん中に車を止めて寝てしまうとはとんだ下手打ちだ。

「他の人に迷惑かかってないの？」

「田村、ちょっと出てこれる？」

カジノの仕事後に捕まったのならスラックスに革靴といった出で立ちに着目され、職場の話などを追及されることは想定される。

「キャバクラのスカウトって言って誤魔化せたよ。ちょうど仲良くしてるスカウトの客にマンション借りる時の在籍お願いしてたからそのままそれで乗り切った」

「入手ルートは？」

「ガスパニックの外国人からって信じ込ませた。出られたってことは辻褄は合ってたと思う」

ディーラーの資質として咄嗟の対処は重要な持ち味となる。カジノ全般うまく立ち回る竜二は捕まり方こそうまくなかったが対処はそれなりにこなせたらしい。

「中にいる間少し詰まっちゃったから一〇点（一〇万円）程貸してくれない？」

家賃や光熱費など対処しきれなかったところもあるのだろう。竜二ならすぐにリカバリーできると踏み、そのくらいならと金を用意する旨を伝えた。

「悪い。ありがとう。今、六本木の店にいるからこっち来れない？」

さすがに取りにこさせたかったが、閉店後の店の留守番を頼まれているということと、振り込みではなくキチンと顔を合わせて受け取りたいとのことだったので向かう運びとなった。電車で三〇分程掛け言われた店に向かうと留守番していた竜二は申し訳なさそうに金を受け取った。

「助かるよ。危うく電話止まっちゃうとこだった」

香ばしい匂いにあたりを見回すと竜二は懲りずにパイプに入った草を差し出してきた。カメラが動いていないか確認を取り、言いたいことはあったが一服した。留守番しているカジノで他の人間が来たら文句も言われかねないと思うも竜二の責任でどうにかなると言葉を飲み込んだ。

「そういえば田村はすり替えはできる？」

気が緩んでいる竜二は得意げにカードを手に取ると手品のようにカードをすり替えてみせた。手品で言うところのパームという技術だ。

「実際に場面ではやったことないけどとりあえずできるよ」

陰で練習していた手付きを見せると竜二に手の平の返し方について指摘を受け、精度を上げた。

「この店はそういう専門の箱だから練習するといいよ」

竜二は奥から大きめの鏡を持ってくると台の前に置いた。客や周りから見えないように気を使いながら鏡の前で何度も練習すると家で闇雲に練習するより上達した。

「それだけできれば十分だと思うよ。後は客の前でやるハートと自信だね」

竜二は実際、場面でこなしているようで軽やかに遠くを見ながらすり替えてみせた。

「シューターのカードをすり替える方法は知ってる？」

草を吸った竜二は気が緩んだのか続々と手仕事を披露しおどけてみせた。いくつかは知っていていくつかは知らないことが混じっていた。

「客がバンカー張ろうがプレイヤー張ろうが逆出しちゃえば何十万でも溶かせるんだから簡単だよね」

「お前はこの箱でいくらもらってたの？」

「出面（日払い）二万と上がりの一〇パーかな。実際は潜り込ませている座り（店に内緒で仕込む手の内の客）もいるから一日三、四万くらいだよ」

またパイプが回ってきて紫煙を上げた。気が大きくなったのか竜二はサーバーからビールを注ぐと一気に飲み干し、白ひげのついた顔でにっこり笑った。竜二はそのまま電話を掛け、相手が出るまでの間パイプに火をつけると姿を消す忍者のように煙にまみれた。

「お疲れ様です。竜二です。えっ、吸ってないですよ。そんなことするわけないじゃないですか」

傍目に見てもテンションが高く声の調子もワンオクターブ上がっている。電話の先の人物は鼻が利くのか竜二の異変には気づいているようだった。

「ええ、いやっ。そんなことより出てきたこと喜んでくださいよ。いえ、やってません。本当ですよ。失礼します」

電話の相手は訝しんでいた様子だったが竜二が勢いで押し切った。

「捕まる仕事してるんだから息抜きくらいしないとやってらんないっしょ。万引き犯だって証拠がなきゃ自分から盗みましたなんて言わないんだから聞くだけ野暮だよ」

言ってることはもっともらしいがバレている時点で詰めは甘い。竜二はぶつぶつ言いながら別の人間に電話を掛け始めた。

「もしもし、あっ、切られた。いきなり切るとはムカつくなぁ」

どうやら竜二はキマると電話を掛け、親しい一部の人間はそれをわかっている様子だった。

しばらく鏡を見ながらすり替えの練習をしているとエレベーターが止まり、中から冴えない感じの四〇歳前後の男が現れた。パイプは竜二がポケットにしまっていたが、香しい匂いと飲みかけのビールのグラスはテーブルに残っている。

「遅いじゃないですか。じゃあ俺ら行くんで後はお願いします」

竜二は状況を顧みずやや上から言葉を放つと荷物をまとめた。事態が飲み込めないまま相手に会釈をすると、男は能面を決め込み固まった。

「あの人大丈夫なのかよ？」

気が抜けないままエレベーターで竜二に詰め寄る。

「あー、店の名義人だから大丈夫、余計なことは言わないし詮索しない」

店の名義社長ということは捕まる要員で口が堅いのは確かだろうけれど、大麻の匂いや飲みかけのビールのグラスはどう思うだろう。

「あの人にはグループからも金が渡ってるからもうこっちの駒だよ」

オーナーサイドの影武者のはずが取り込まれ、店サイドだけではなくグループの中で辻褄が合うように店の不利益にも加担しているのだろう。相場で月一〇〇万円程度の名義料以外に、グループに加担することで同額以上は稼いでいると竜二は言った。どうせ捕まる要員でリスクを負うなら更に稼ぎたい気持ちもわかる。竜二は気を取り直したように言った。

「そんなことより今日、花園神社の祭りらしいから行こうぜ」

花園神社の酉の市には歌舞伎町の住人は元より、近隣に住む業界関係者、カジノのお客さんや裏方の人など幅広く顔見知りが集まり、挨拶を交わしたり食べ物を奢ってもらったりした。薄っすらとキマリは残っていたが祭りの喧騒で周囲に溶け込むことができていた。

「おー、田村じゃねーか。何してるんだよ？」

突然掛けられた声に振り向くと高校の時の同級生が屋台でお好み焼きを焼いていた。

「久しぶり、俺は今カジノやってるよ。卒業してすぐカジノだよ」

公立の進学校に通っていた中で、唯一大学に行かなかったという共通点がある名畑という男だった。その二人が花園神社の酉の市で顔を合わせるとは奇妙な縁だ。

酉の市には知り合いも多く、すれ違いざまに知り合いが声をかけてくる。高校の同級生の前でいろいろな人間との繋がりを見せられて少し誇らしげな気分になった。

「今度、うちのカジノに遊びにこいよ。座りで呼んでやるからさ」

「そのときは頼むわ。ま、しばらく俺はこっちでがんばるよ」

名畑は手に持ったヘラを鳴らしてみせた。

第五章
仕事ハウスの騙し合い

1

少し離れた地域にあった仕事ハウスはそれなりに客も入り繁盛した。カードのすり替えやシューターの二枚目のカードを出す技術は向上し、テクニックよりも客との間合いが大事だと学んでいった。

感覚的には客との間合いは点、又は面で接し、それを包み込む空間をいかに演出できるかが鍵となる。手付きであまり達者だと思われないように演技しながら、客の隙をつきカードをすり替えては客のチップを溶かしていく。

通常、縦の仕事（店との縦関係で仕事を入れることからそのように略される）は店主導で客のチップを溶かしていき、寺銭よりも技術で店に利益をもたらす流れになる。バカラはプレイヤーかバンカーの二択でバンカーの時は五パーセントのコミッション（寺銭）をとる二分の一だが、技術によって三回に一回、四回に一回の当たり確率にして客のチップを溶かしていく。

客が運が悪いと出目を見ながら首を傾げたり嘆いたりするところに、「難しい出目ですねぇ」などと合いの手を入れ自然に溶かすことを心掛け、負けたとしてもいかに楽しんで帰ってもらうかを考えシナリオを組み上げていく。バレないためのテクニックは基本として、総合的な雰囲気作りに注力し流れを作る。

一般的に〝初めての客には勝たせる〟と言われるがそれはその客が太く今後もちょくちょく遊びにくることがわかっている時だけで、基本は〝少し負けが込む方が熱くなる〟博打の法則を重視し初めに少し叩く。客のタイプにもよるがなるべく小さいベットは当てて、張り駒が大きくなった時に滑らせていく方がうまくチップを回収できた。

カジノの客というのはあぶく銭をやり取りする者が多く、カジノ自体が刑法に触れる性質上アウトローな世界に出入りする者が多い。そうではない人種もパチンコなどでは物足りない地主や経営者などの客であり、様々な人種を交えた社交場的な側面も持つ。大きな場面に参加している客には張る金額に見合う濃い人間しかおらず、一般人とはかけ離れた経歴を持っている。

そしてギャンブルに魅せられた客は大体一、二年で種銭を溶かすことになる。これは資産がいくらあっても大体同じで、一〇〇〇万円しかない人間が張る一万円と一〇億円持っている人間の一〇〇万円は同じ刺激になるからで、それぞれが博打の緊張、収縮、分裂、緩和のサイクルの中、喜怒哀楽を伴う究極の刺激にハマり込んでいく。

ハマった客は店が始まる時間に店に向かい店が終わると共に帰っていく。一部の客は種銭が尽きると金貸しや黒服、カジノの名義人になったり人脈を武器に客引きになったりとカジノ業界に吸い込まれていく。

そもそもカジノのオーナーになろうと思うこと自体が一番のギャンブルで、名義人を立てようとも捕まるリスクを少なからず負い、数千万から億の金額を投資し、半年続けば後はまるまる利益になるが、客の入りが悪かったり摘発されれば全て水の泡だ。元狛江市市長や大王製紙の元会長などは博打で身持ちを崩し紙面を賑わせたが、公にならなかった星の数程の人間の悲哀の上にカジノは成り立っている。

2

カジノの手仕事を一通り覚え竜二と働いていると地方遠征時に教育した吉岡から携帯が鳴った。自分達が業界に引き込んだだけに懐かしい。

「田村さんお久しぶりです。吉岡です。今、こっちに出てきて亀田さんの店で働いてるんですけど給料払ってくれないんです」

関東に出てきているとは驚いたが、亀田の店とは流れが悪い。

「えっ、亀田は店上がったんじゃないの？　いまいち話が飲み込めないんだけど」

「詳しくはわからないですけど田村さんが辞めてひと月くらいした時に店に戻ってきました」

「まだ、堀さんはいるの？」

「堀さんはずっといます」

「ちょっと堀さんに聞いてから改めて連絡するね」

亀田のせいで流れの良かった店を上がらされてから亀田とは連絡を取っていない。しかし堀からは毎月律儀に歩合が振り込まれていて、そのたびにお礼の電話をしていた。事態が飲み込めず堀に連絡する。

「お疲れ様です。田村です」

「おー、田村君か。お疲れ様。どうしたの？」

「なんかこっちの亀田の店で働いていて給料が出ないって吉岡君から連絡が来たんですけど知ってます？」

「えっ、吉岡君、カジノで働いてるの？　亀田のやつ、こっちから自分の会社で使うってディーラー三人引き抜いていっちゃったんだよ」

「なんすかその話、亀田は上がったんじゃなかったんですか？」

「それがあれからうちのボスに頭下げて来てさ。一応、店が形になったのも亀田が田村君達連れてきたのもあるじゃん。それでボスが許しちゃったんだよ」

「えっ、亀田戻ってたんすか？　ふざけてるなぁ」

「戻ってきたよ。ただでさえデカイ顔なのにこの店は俺が作ったてな態度で踏ん反り返ってたよ」

「それで吉岡君達はなんでこっちに来たんですか？」

「ほら、吉岡君って真っすぐなところあるじゃん。亀田に飲みに連れ回されてさ。断れなくなっちゃった感じだと思うよ。こっちもフォローはしたんだけどプライベートまで手が回らなくて、気が付いたら亀田の会社で働かせるって店上がらされちゃったんだよ」

「そうなんすか。ありがとうございます。また、連絡させていただきます。失礼します」

竜二は言葉の節々からあまり良くない流れを察したようだった。

「どうしたの？　どじょっ子また何かやらかしたの？」

吉岡君に連絡する前に竜二に一部始終を説明した。

「具合悪いね。それで吉岡君達はどのくらい給料取りっぱぐれてるの？」

亀田が店に復活して引き抜いたことまではわかったが、その後の流れが把握できていないので今一度吉岡に連絡を取る。電話を掛け直すと吉岡は待っていたかのようにすぐ出た。

「吉岡君、大体今までの話は聞いたよ。それで給料出てないって客入ってないの？」

「今は亀田さんともう一人のオーナーでやってるんですけれど表向きは店は儲かっていません。だけど明らかに亀田さんが連れてきているお客さんだけ勝っているんで詳しくはわかりません」

どうやら亀田は研修上がりの子にも見破られるような下手な絵を描いているようだった。

「なんだよそれ、また亀田がオーナー見つけてポンコツ掛けてるのかよ。それでも吉岡君達にはキチンと給料出すべきだよな」

吉岡達は店の利益が出ていないから給料を払わないとうまくやられていた。

「一応、もう一人のオーナーに家賃と生活費はどうにか出してもらってるんですけれど、それも雲行きが怪しくなりそうなんですよ。店開くので半年前から経費かかりっぱなしで相当マイナスになってるみたいで」

吉岡の声に力はなく、ノリのオーナーと同じく相当疲弊しているのだろう。ノリのオーナーといっても亀田はコンサル気取りで碌に金は出していないことはなんとなく感じ取れた。

「力になってあげたいけど亀田はこの前の箱で一緒だっただけであんまり繋がりないんよ。とりあえず今のところ取りっぱぐれてる給料いくらになるの？」

「月四〇万で三ヵ月分、月五万だけもらってるんで三人で残り三〇〇と少しです」

三ヵ月ほとんど給料なしで働かされているとは驚いた。もう少し早く相談してくれたら話はできたかもしれないが今となっては後の祭りだ。その条件を今まで呑んでしまっていた吉岡達に不甲斐なさを感じると共に亀田への怒りが湧いてくる。

「詳しく話を聞きたいから近いうち出てこれない？　タイミングは任せるよ」

都心部までは三、四〇分かかる距離だったが電車一本で来られる場所で待ち合わせることにした。

「明日の仕事前に三人で伺わせてもらいます」

初めて吉岡の声が明るくなった。差し当たっての解決策は見出せないまま約束をして電話を切った。竜二に一部始終を伝えると聞き終えるや否や斜めから解決策を出してきた。

「そのハウス、吉岡君達のために仕事掛けちゃおうよ」

仕事を掛けるにも吉岡達はまだ研修上がりで手仕事はできないだろう。そして亀田も店で何かしらやっているだけに警戒すると思われる。

「仕事入れるっていってもケツ持ちとかどうするんだよ」

ケツ持ちをつけずに仕事を入れることもできなくないがあらかじめ警戒されている箱で仕掛けるためにはジョーカーも備えておかなければ現実味がない。そしてケツ持ちをつけるとなるとそれなりの対価が必要となってくる。初めから未払い給料の三〇〇万円は経費計上というような無理難題を引き受けてくれるあてはない。

「田村、川藤さん覚えてる?」

川藤は地方の箱で働いている時に客として来ていた張り腰の良かった客だった。三〇歳手前ながら地域ではそれなりの顔でカジノの客相手に金貸しもしていて、一度亀田が客同士の貸し借りに口を挟みトラブルにもなった亀田の天敵でもあった。

「川藤さんかぁ、懐かしいな。確かに話に乗ってきてくれそうだね」

川藤は地域の特少(特別少年院)軍団の一員で彼らと連れ立って張りにきていた。一緒に飲んだ時に話した軍団の面々も皆カジノに明るかった。

「駄目元で聞いてみればいいんじゃん? 田村が言えば乗ってくると思うよ」

竜二の一言を受けとりあえず話すだけ話をしてみることにした。久し振りに話す前に一通り内容を頭に浮かべる。

「ご無沙汰しています。田村です」

挨拶をするや否や川藤はテンション高く切り返してきた。

「おー、たーちゃんか。久し振りやないか。元気にやっとるんか?」

「お陰様でどうにかやってます。カジノの話で電話させてもらいました」

「カジノの話かいな。ええわい。どんな話でも任しとき。元気そうで何よりやわい」

久し振りに話す川藤は相変わらず威勢がよく自信に満ちていた。

「亀田覚えてますかね。あいつがディーラー引き抜いて働かせてるんですけど給料払ってないみたいで今日、連絡来たんですよ」

「なんや、面白そうな話やないか。たーちゃん言わんでも乗らせてもらうでな。わしもあいつはいわしときたかったんや」

話が早いというか行間から既に察しているようだった。こういう嗅覚の鋭さは数々の修羅場をくぐっている動物的な強さを感じさせる。

「それで竜二と話したんですけど、その店で何かして埋めてあげられたらなと考えていたところなんですよ」

「亀田にポンコツかけるんやろ。どじょっ子にこっちも腹にあるものもぶつけてやろーわい」

話がトントン拍子に進み過ぎる感も否めないが乗りかかった船だ。舵を切るしかない。

「さっき話が来たばっかりで箱の状況や詳しい流れは明日会って話を煮詰めてきますんで、明日また連絡させてもらっていいですか?」

「おうよ。ええ話やないか。首なごーして待っとるけんいつでも連絡してきーな」

店を辞めてからの流れや近状報告のやり取りをいくつか挟み半年ばかりの時間を埋めた。

「なーんも心配することないよって。どんなんが出て来よーとこっちが対処しちゃるけん話乗らせてもらうで」

川藤の勢いに勇気付けられると共にもしもがないよう気を引き締めた。

「ありがとうございます。明日改めて連絡させてもらいます。失礼します」

電話を切ると事情を察したのか竜二がハイタッチしてきた。

「電話口から川藤さんの声が聞こえてきたよ。いいじゃん。段取り組んでやっちゃおうよ」

カジノで主導して仕事を入れる話が進みつつあった。亀田が何かしらしている箱で仕事を入れられるだろうか。今回の話はいかに自然に話を進められるかで成否が、またどれだけ数字を上げられるかが決まる。不細工な絵を描かないように今のところある情報を何度も反芻する。


「ご無沙汰しています」

待ち合わせに来た三人は申し訳なさそうに頭を下げた。念には念を入れて都心から離れた駅ではあったが、カラオケボックスの個室で待ち合わせをした。広めの部屋を手配していたが五人入ると手狭になった。

「とりあえず皆生ビールでいい？」

竜二が吉岡達に声を掛けると皆首を縦に振った。話し合いの場でいきなりビールというのもくだけ過ぎな気もしたが、竜二が大麻を吸いだすよりはマシだ。そして緊張気味の三人をほぐす意味でも少しくらいアルコールが入った方がいいだろう。

「色々大変みたいだね」

吉岡に声を掛けると恐縮しながら頭を下げた。

「店の大きさはどれくらいで従業員は何人いるの？」

「バカラ台三台で一つはブラックジャックとのリバーシブルです。従業員はウェイトレス兼ディーラーの女の子が二人と黒服とキャッシャーの四人と僕らで七人です」

バカラ三台の規模と店の内情は大体予想通りで黒服の存在だけが気になった。その時、ドアが開き店員がビールジョッキを五つ運んできた。

「久し振りの再会と皆のこれからに乾杯！」

竜二がジョッキを掲げ音頭を取ると吉岡達は急いでジョッキを取り合わせる。竜二は一気に半分くらい飲み干し、その他の面々は一口飲むとジョッキを置いた。

「その黒服は何歳くらいなの？」

今回の話の肝となるのは一人だけ経験者と思える黒服の存在だろう。亀田の駒であることは間違いなく今回の絵の中心になっていることは容易に想像できた。

「確か二七歳で東北の方の出身らしいです。店の近くのシティーホテルに住んでいます」

吉岡はそう切り出すと自信がないのか縮こまっている残り二人に視線を投げた。二人は吉岡を見ると頷き返す。

「キャッシャーは亀田側の人間なの？」

女の子二人は数合わせだとすると後気になるのは金庫番だ。

「キャッシャーは金主のオーナー側の人です。店では一番話のわかる人で生活費の月五万を掛け合って捻出してくれた人です」

キャッシャーが亀田側ではないという言葉には少し安心した。亀田の手駒は少なければ少ない方がいい。

「そっかぁ、それで生活費は月五万でどうにかなってるの？」

「いえ、こっちに来て消費者金融から少し借りてます。オーナーも確実に儲かるって話を聞いて二〇〇〇万投げたみたいでそれ以上出費はできないとカリカリ来ている状態です」

地方箱の時と同じで亀田がオーナーを見つけてきてカジノを開かせたらしい。吉岡達には悪いと思っているがオーナーとしても譲れないラインがあるのだろう。これだと店をマイナスにさせて利益を上げる流れは考えづらい。川藤に振れる規模の話になるかどうか一抹の不安がよぎる。

「客の入りはどのくらいなのかな？」

客の入りが悪いとなると話はお手上げになる。

「一日大体二〇人くらい入っています。ほとんどがサービス目的のお客さんですけどキチンと張る人も何人かいます」

決して多くはないが二〇人という数字には救われる気がした。サービス目的の客が多くても客がいればどうにかなる。客層は気になるも亀田の手の内もいると考えると正確な情報にはならないと思い掘り下げず進めた。

「一日のイン（客の買い上げ総額）はいくらくらいあるの？」

「大体三、四〇〇です」

「えっ、四〇〇あって店は上がってないの？」

竜二が驚き声を挟む。全く同じ意見で驚きと共に一筋の光が差した気がした。サービスの度合いや客の滞在時間にもよるが店の規模としては十分なインと思え改めて竜二と同じ質問を投げかけた。

「四〇〇あって店は上がってないんだね？」

「はい、インはあるんですけど店は上がってないんです」

吉岡に原因があるわけではないのだろうけど吉岡は再度申し訳なさそうに萎縮した。

「経費でマイナスになってるの？」

人件費や家賃、カード代やエンソ（みかじめ料）を合わせると経費は日割りで二〇万円くらいにはなるだろう。四〇〇万円のインがあれば通常なら二割くらいは抜けて八〇万円、サービスガジリの客が多かったとしても五〇万円は見込めて経費ガミにはならない、第一感そう思えた。

「いえ、経費も出ていないんですよ。テーブルとんとんで全く利益は出ていないです」

確かに経費が出ていれば吉岡達の給料も出ているはずだ。それにしても全く利益が出ていないとは相当客層が悪いかサービス目的の客への対策ができていないと思われる。毎日経費も出なければオーナーが用意した二〇〇〇万円がなくなりそうなタイミングというのも時期的に納得できた。

「それで吉岡君達の箱に俺ら入ることできないの？」

二杯目のジョッキを飲み干した竜二が唐突に割って入ってきた。

「えっ、土屋さんうちに来てくれるんですか？」

吉岡の顔はぱっと明るくなり残りの二人もびっくりした様子で竜二を見た。

「入れるんなら行ってもいいよ。今の店すぐには上がれないけど俺ら行った方が解決も早いっしょ」

前のめりな竜二に驚くも話の要点には違いないと吉岡達を見ると顔を見合わせていた。

「はい、オーナーも藁にも縋りたい状況なので悪くない話なら受け入れると思います。亀田さんより僕らの方が信用あるんで土屋さん達が来てくれるならお願いしたいです」

三人は萎縮した様子から笑顔に変わった。前のめりに話を決めにかかる竜二に不安を覚えたが、今の流れで仕事を掛けるとなると少しぐらい前のめりになるくらいがちょうどいい。ひとまず竜二に下駄を預ける。

「いきなり今の店を空けるわけに行かないから田村はとりあえず店に残ってよ。田村より俺の方が亀田は警戒しないだろうから俺が仕事なくて吉岡君に連絡したことにしようよ。さすがに給料出ないのに働くのも変だから、腕の良いディーラーだからって言って一日二万円日払いくらいで話つけてくれないかな？」

吉岡達は竜二の言葉に目を見開きながら大きく頷いた。吉岡達も藁にも縋りたい状況で竜二の提案ならどんな話でも受け入れそうに思えた。

「吉岡君達さ、竜二が向かう流れはなるべく自然にしたいからこっちが逐一指示を出すよ。〝なるべく自然に〟を心掛ける。それだけは守ってね」

　吉岡達は姿勢を正して頷くと真っすぐに目を向けた。

「今日この後働く時も浮ついたりしないように気を付けて指示を待って。仕事中は電話繋がるの？」

「場面に入っていなければ出られます。トイレから掛ければ聞かれないと思います」

「トイレからは自然じゃないでしょ。黒服がいないところで畏まり過ぎずに普通な感じで話せばいいよ」

　今のところ後ろめたい話ではない。固くなりすぎている三人はもう少しほぐれてもらわないと絵が良くない。

「俺が仕事なくて頼んでる体なんだから友達に話すように話してくれていいよ。自然に自然に。よろしくね」

　竜二が柔らかく諭すと三人は少し固さが取れたようだった。その後、気を紛らわせるため一人一曲ずつカラオケを歌わせた。三人が歌い終わった後、スイッチが入ったのか竜二が立て続けに二曲歌い皆で軽く盛り上がるとお開きとなった。

　解散すると何より先に川藤に連絡する。

「お疲れ様です。川藤さん、店の状況を把握するため、竜二が潜り込む動線ができました」

数コールで電話口に出た川藤に要点を伝える。

「おー、たーちゃん早速動き出したんやな。それでわしらはどう動けばええんや？」

「明日、竜二が入る手はずを整えます。その後の流れは店の内情がわかってから報告させてもらいます」

吉岡達の話を一通り説明し、流れが決まり次第連絡すると伝えて電話を切った。まずは竜二が入ってみないと店の正確な情報が把握できない。今働いている店に竜二はヘルプを立て突入準備はできあがった。竜二なら持ち前の突破力を発揮して店に馴染んでくれるだろう。吉岡への連絡は一日置こうかとも考えたが店が暇になったタイミングで連絡してみることにした。

「もしもし、吉岡君？　今電話大丈夫？」

「お疲れ様です。今、休憩しています」

吉岡は畏まり過ぎることもなく自然に対応してきた。

「早速だけどタイミング見て腕のいいディーラーが仕事にあぶれてるって話進めてみてくれない？」

「わかりました。早速聞いてみます」

吉岡は普段の口ぶりで答えたが、電話口から内に秘めた高揚感が伝わってくるようだった。

「結果がわかったら連絡頂戴。電話出られないこともあるからその時は折り返しかけるよ」

「はい、聞いてみてから折り返します。それでは失礼します」

吉岡に連絡すると後はいい返事が返ってくるのを待つだけだ。人件費が嵩むといって断られては元も子もないのでそれだけはないように祈る。連絡が来るまでの間はとても長く感じられ時間の経過と共に不安が募る。三時間弱が過ぎた時、電話が鳴った。

「お疲れ様です。吉岡です」

吉岡からの電話を察知してか竜二も見守るように側に来た。

「お疲れ様、どんな感じだった？」

「連絡遅れてすみません。肩の強いディーラーで育ててくれた人が仕事を探しているって話したらそれなら来てほしいけれど経費が厳しいって言ってました。けれど日払いではなくて週払いの締め日払いでとりあえず一週間で働いてもらえるならお願いしたいって言ってくれました。人を増やせるかってことでオーナーに一報入れて判断を仰いでたみたいで。その後場面入れられちゃって、今はコンビニに買い出しにきています」

混みいった話だからできるだけ買い出しのタイミングを選んだのだろう。吉岡の的確な判断ととりあえずの前向きな話に気持ちが軽くなった。後は竜二が入ることに亀田がどんな反応をしてくるかにかかっている。とりあえず亀田は最近現場に顔を出していないということなので黒服経由で聞くか出勤のタイミングで知ることになる。

「竜二は明後日からどうかって聞いてるんだけどどうかな？」

「大丈夫だと思います。帰り次第明後日で話つけます」

明後日から始動と決まった。吉岡との電話を切るとすぐ川藤に流れを伝えた。

「ほうかい。いよいよやな。潜入成功はええ知らせやわい。詳しく内情わかったらまた連絡してーや」

いよいよ話が動き出した実感が湧いてきた。今のところ物事はうまく運んでいる。

3

数日後、待ち遠しい竜二からの連絡が入った。うまく店に溶け込めたかどうか、黒服との関係はどのような形になっているか、客層やハウスの状態はどのようなものなのか、様々な疑問の答えが出る。

ファミレスのモーニングセットを食べ終わり、コーヒーのお代わりを頼んだ時に竜二から電話が鳴った。始めのコールが終わらないうちに急いで出る。

「お疲れ様、どうだった？」

「お疲れ、今終わったところなんだけど漫画だよ」

コーヒーを一口飲み竜二の言葉を待った。

「店に来てる客は半分が近くの水商売関係で、ほとんどがサービス目的だけどそれなりに張る客もいるからまぁ、悪くないんだわ。後は本客（店でメインと考えられる客）が四、五人いるらしいけど今日は一人しか来なかった。亀田サイドと思われる客も来てあからさまに俺の存在を煙たがってる感じだったよ」

竜二の目にはかなり不審に映ったようだった。

「そいつらが怪しくてさ、店に来るなりソファーに陣取って俺が店にいるのを誰かにこそこそ連絡して、虫のいどころが悪いのか打たずに帰っちゃったよ。一応、何もわからない平のディーラーに見えるよう気を付けて対応したからまだそこまで怪しまれていないと思うけどね。だけど向こうが何かしら企んでたことは確かっぽくて、そいつらが打たないだけで店は五〇くらい浮いたね」

初日の潜入にしては上出来と思える情報だった。話を総合すると店はそれなりに機能していて上がる流れはあるが、それを亀田の手と思わしき客が吸い上げてるという構図だ。差し当たっての情報は追い風で黒服の雰囲気を聞いてみる。

「そっか、よくやった。やるじゃん。それで黒服はどんな感じだった？」

「黒服はいきなり俺が来てびっくりしてたな。とりあえずはよいしょしといて雰囲気が悪くならないように流れはできたけど警戒していることには変わりないね。後はどうやって仕事を入れてるかが鍵だと思うけど黒服はそんなに達者じゃない感じかな。明日店が終わってから飲みに誘えるようなら誘って取り入ってみるとするよ。奴は一人でこっちに出てきてるみたいで時間はあるようだから頑張ってみる。明日から何日か店が終わっても飲みにいける流れなら飲みにいくから連絡は遅れるかもしれない」

話を聞いた感じだと黒服はそこまで厄介な雰囲気でもないらしい。どこまで懐に入れるかわからないけれど竜二なりに手応えがありそうなので任せることにする。

「連絡遅れるのは構わないから慎重に探ってみて。黒服にはつかず離れずがよさそうだけれど飲みにいく件は任せるからうまくやってよ」

電話を切り、今わかっている状況を整理した。

竜二が出勤したことを黒服はすぐにわかっていたのに亀田の手の内と見られる客は普通に来店してきた。そしてその客達は誰かに連絡をして店を後にした。黒服が白とは考えにくいが亀田サイドの客とは直接連絡を取っていないだろうと考える。しかし、いきなり来なくなるのも怪しいのでとりあえず顔だけ出したという可能性もある。断片だけのピースをいくら繋ぎ合わせても奴らの絵は見えてこない。

4

続報は二日後だった。働いている間も気になり仕事が手につかなかったが、こちらから連絡するのはもしもの場合、絵が悪いと思い待った。仕事も終わり家に着きそろそろ眠ろうかと思った時に竜二からの着信で一気に目が覚めた。

「どうだった？」

急いで起き上がると煙草に火を付け一呼吸置く。

「黒服は俺と距離を取ってるみたいで押そうが引こうが誘いに乗ってこなかったよ。店は昨日も今日も店が調子良くってさ。まぁ、少し手仕事入れてサービス目的の客を溶かしてあげたんだけどね。昨日は四〇、今日は六〇、三日で一五〇上がったからキャッシャーの人間と一気に仲良くなっちゃって今日飲みにいってきたよ。オーナーサイドも結構痺れてたみたいで一気に株が上がった感じで他の人間には内緒で相談があるって飲みに誘われてさ」

さすが竜二だ、黒服ではなくキャッシャーに狙いを定めて距離を縮めたらしい。

「うちの店の悪いところや改善点があったら教えてくれって言われて、他の店のやり方やサービスの付け方を教科書通りに教えたら凄く喜んでた。さすがに亀田がガンだとは言えなかったけどどうやらオーナーサイドと亀田達はそこまでパイプ太くないみたいだね。それで田村も同じ条件で店に入れるようにしといたよ。腕の良いディーラーが手が空くんでどうですかって聞いたら任せるだってさ。ここだけの話、数字上げたら黒服より俺の方が信頼されてきたよ」

亀田がそこにいなければ普通に店を軌道に乗せて、楽しく働ける箱にもできただろう。しかし、誠実さとインチキ臭さでのパラメーターの内、インチキ臭さに全振りしたような亀田を外すのは容易いことではない。

今いる店を上がるには代わりを見つけなければならないが、幸いうちの店の待遇は悪くないので仕事のできるディーラーが空いていれば働いてくれそうだ。

「今の店どうしようか？　誰かいる？」

竜二に聞いてみるが大体知り合いも被っていて、思いつく人間はいない。

「それで亀田の手口はわかったの？」

入れる入れないよりも店が上がったということは亀田サイドはどうしていたのだろうと気になり竜二に問いかけた。

「それがさ、亀田の手の内っぽい客は来てないんだよ。様子見な感じなのかな？　あっ、あと、黒服は〝速い〟よ。今日も三〇分くらいトイレいたわ」

大麻などがのんびりしてリラックスするのと対照的に覚せい剤をやっている人間は〝速い〟と言われる。速い人間の特徴としてやたら汗をかいて水分を取ったり頻繁にトイレにこもったり目の下にクマができていたりと変わった言動が目がつく。あくまでも元気の前借りだけにどこかで辻褄合わせで疲労を吐き出すこととなる。アングラな仕事柄好む人間は多く、一般的なディーラーよりも気迫が必要な仕事ディーラーには速い人間の比率は高い。

「店に取り入ったのはほんとナイスだわ。引き続き無理のない感じで潜入頼むよ。俺は明日店に行ったら代わりに入れる人いないか聞いてみるよ」

ざっくりと店の流れが見えたことに感謝を伝え電話を切った。ここまでお膳立てされたらどうにか今の店を整え向かうしかない。

「田村からの頼みなら聞かないわけにはいかないわなぁ」

翌日、竜二と共通の友人にヘルプを頼みたいと話すとあまり納得してはいないようだったが前向きに考えてくれた。

「今回はどうかお願いしたいんだよ。今度ウェイトレスとの飲み会セッティングするから貸しってことでさ、どうにか頼むよ」

やむを得ない状況に大きめな材料を提示し事態の収束を図る。

「わかった。いろいろ当たってみるから少し待っててね」

そう話すと電話を掛け始め三人目でどうにか話がつきそうな雰囲気になった。

「こっち来てもいいけどヤサがないってさ。地方の奴なんだけど腕は問題なくなんでもできるよ。どうする？」

「問題ないよ。こっちまでの足代とウィークリーの分持つから頼むよ」

今月店からもらう歩合を竜二の分と合わせると二ヵ月くらいはどうにかなると思い条件を呑んだ。共通の友人が電話先で伝えると三日後から働き始めるということで話は決まった。すぐに川藤に連絡する。

「お疲れ様です。田村です。連絡遅くなってすみません。竜二は既に入ってて僕も三日後に店に入ることができそうです」

声を少し上ずらせながら吉報を伝えた。

「たーちゃん遅いで。たーちゃんが連絡くれんもんだから首がなごーなりすぎてろくろ首みたいになってもーたわ。どないしてくれる」

川藤はおどけてみせると電話口で笑い、つられてこちらも笑った。

「そこいらのことよーけ調べたで。直参だろうとどんなんが来ようと任しとき。皆でうまいことやろーわい」

川藤の言葉は力強くこちらとしても勇気づけられる。

「ありがとうございます。こっちも川藤さんと一緒だと心強いです」

川藤の周りを考えるとよいしょではなく心からそう思った。

「任せときー。そんで一応匁（もんめ）のこと話しとこうと思うんやけど、半分と言いたいとこやがこっちに四、たーちゃん達に三、吉岡達に三でどーや？　もし考えあるなら聞かせてや」

「はい、それでお願いします」

そう答えると後はこちらサイドが今まで得ている情報を一部始終余すことなく伝えた。

「なんや、亀田の子飼いは来んようになったんかいな。いよいよどじょうが亀になって引っ込みよったな。出方を窺おーわい。いつでもこっちも人間送り込むけん店に入ったら状況伝えてーな」

「はい、また潜り込み次第連絡させてもらいます」

いよいよ話が動き出したと感じながら電話を切った。

「おー、田村じゃねーか。久しぶり」

いきなり亀田が目の前に現れ敵意に満ちた顔で見下ろしながら言い放った。竜二達と合流し初の出勤日に店のドアを開けると、そこには亀田が仁王立ちしていた。久しぶりに会う亀田は真っ黒にゴルフ焼けしていて体格のいいその姿は威圧感に満ち溢れていた。

「亀田さんお久しぶりです。その節はお世話になりました」

虚を突かれたが咄嗟に表情を消し抑揚のない声を絞り出した。

「今日からお世話になる田村です。よろしくお願いします」

落ち着きを取り戻し、今度は距離感を測りきちんとした挨拶で応戦する。どこから話が漏れたか心当たりが多すぎてわからないが、亀田が警戒していることは確実となった。

「まぁ、せいぜい頑張れよ。仕事にあぶれたんだったら俺に連絡してくればいくらでも仕事あるからこれからはそうしろよ」

「はい、わかりました。ありがとうございます」

幸い地方の店では普通に働いていたため、そこまで怪しまれずに純粋に仕事がなくきたと考えているところもあるようだ。ただここに亀田が来ている以上、狐と狸の化かし合いと思っておいたほうがしっくりくる。亀田はそのままどこかに消えていった。

「とりあえず少ないけど先々月の給料半分だけ払います」

キャッシャールームから男が出てくると三人に封筒を差し出した。三人を横目に見るとその場で中身を改め「一五万だ」と互いの金額を確認している。固まっていた表情は和らぎキャッシャーにそれぞれ礼を言った。

「きみが田村君だね。話はいろいろ聞いてるよ。多分聞いていると思うけど、今店は厳しい状況だからいろいろ助けてほしい。よろしく」

キャッシャーは改まってこちらに向き直り姿勢を正しながら言った。彼からしたら竜二は店の救世主でその竜二の紹介の自分は同じく救世主に映っているようだった。

「田村です。こちらこそ頑張りますのでどうかよろしくお願いします」

こちらも姿勢を正し少し深めに腰を折り頭を下げた。

店は中規模でミニバカラ台二台と一二人掛けのバカラ台一台が少し広めの店内にゆとりを持って置かれており、内装はそこまで作り込まれていない。ほぼスケルトンのまま剥き出しのコンクリートにゲームルールやＭＧＭ（国内のカジノ設備業者マツイゲーミングマシンの頭文字でＭＧＭと寄せているだけでラスベガスのＭＧＭグランドホテルとの関連性はない）の備品やポスターが並び、バカラ台がなければ何の店かわからない雰囲気だった。

竜二の話によるとウェイトレス兼ディーラーの女の子は近くのキャバクラから引き抜いたほとんどディーラーとしては頭数には入らない状態で、店の流れの悪さも露知らずディーラーになるべく練習をしていた。亀田の好みであろうギャル系の二人は竜二や吉岡達とも仲が良く、カジノが捕まる仕事であることもわかっていない様子でのんびり練習をしている。時給二〇〇〇円でこの地域のキャバクラよりものんびり長く働けることができるから移ったという流れで、ウェイトレスの給料は滞っていないということだった。少しすると形ばかりの朝礼が始まりキャッシャーが「客数二三人」と先日の来客を伝え、続いて黒服の番となった。

「えー、今日から田村君が加わることになりました。ここ数日店の流れも悪くないのでこの調子を維持して頑張りましょう」

黒服からの紹介を受け、今一度皆に向けて頭を下げ正式に一員となる。黒服の次の一言を待っていると横から声がした。

「昨日からサブチーフになった土屋です。今日から田村も加わり店が一丸となって数字を叩き出せる流れができてきたと思います。まずは挨拶をしっかり。お客様に喜んでいただいて始めて数字がついてきます。今日も一日リピーターが増えるよう、お客様がゲームを楽しめるよう頑張りましょう。よろしくお願いします」

竜二がサブチーフになったという話は聞いていなかったがここ何日かの活躍と数字がオーナーサイドに響いてのことだろう。竜二の言葉は思ったより板についておりキャッシャーと吉岡達は目を輝かせ言葉を受け止めている。それとは対照的に、黒服は時計を手持ち無沙汰に眺めて足をブラブラさせ、ウェイトレスの二人はネイルを眺めたり髪の毛を弄ったりしていた。

5

ちらほらと水商売の出勤前らしい男性客が一〇点で一点のサービスを求めて訪れる。細かい客はサービス目当てではあろうけれどそれなりにバカラの勝ち負けを楽しみ、ベットも最低金額ではなくそこそこ勝負している印象だった。

店は始めに黒服がショーカードをしてそのままヤキソバ（カードを裏返し数字やマークがわからない状態で混ぜる）し、シックスデッキのカードをふた山にしたところでディーラーと交代しシャッフルに入る流れで、黒服がショーカードをして混ぜることによって〝シャッフルでイカサマはしていませんよ〟とアピールしている形だ。

少しするとホストであろう二人客、作業着のガタイのいい客が加わりミニバカラの台が満席になった。一二人掛けのバカラテーブルもシャッフルを開始し、自分はそこで撒くことになった。黒服がショーカードしてヤキソバが終わった後ディーラーの席につく。始めは様子見がてら特に何もせずゆっくりとシャッフルしていると作業着を着たガタイのいい客が移動してくる。

「おっ、初めてのディーラーだな。お手やわらかに頼むぜ」

作業着の客は顔を合わせるなり前のめりに話しかけてきたので笑顔を作り表情のみで対応する。ゲームが始まると五〇〇〇円から一万円程の張り駒を思い思いに張り、勝ち負けを繰り返していた。ベットの上げ下げもさほどなく数字はほぼトントンで二〇番くらい進行した後、新たにガラの悪い三人客が台に座ったところで竜二が客の後ろに立ち、顎を触るサインを出した。〝この客を溶かせ〟のサインだが突然のことに驚く。

「罫線お願いしまーす」

手を挙げて竜二を見ると今までの罫線を写すべく竜二が横に来て、黒服が三人客に対応する隙を見て耳打ちをしてきた。

「亀田の手の内」

吉岡から竜二が聞き出したであろう亀田の手の内の三人客は二〇万円ずつ出し、威圧感混じりで意味深に声を掛けてきた。

「にいちゃん、わざわざこんなカジノまでよく来たな」

こちらが素知らぬ顔で一般客と同じように笑顔で対応すると、三人客は黒服に語りかける。

「新しいディーラーなんてなんで呼んだんだ？」

黒服はやや怯えながら対応する。

「今日からボスの紹介で入りました。僕の紹介じゃないんです」

三人客はチップが運ばれて来ると二点か三点のベットをそれぞれ赴くままに張り始める。合わせて五人の客のとなりそこそこの場面で進行する中、また客の後ろに立つ竜二に目をやると鼻を触り〝問題なし〟と黒服が場面に目を向けていないというサインを送ってくる。

竜二の自信はどこから来るのかいきなりの場面で仕事を入れる流れに少し躊躇したが、威圧感のある客に萎縮している素振りをしていた分、亀田の手の内の客には隙ができていた。そこでパームで数回外しチップケースにはどうにか三〇ばかりの浮きを築くことができた。

竜二が今度は耳を触り〝一旦様子見〟のサインを送ってきた。太腿の下に隠してあったカードをさり気なく捨てると同時に黒服がやって来る。カードを捨てるタイミングを見られたかと視線の端に黒服を収めると不自然には取られていないようだった。しかし、瞳孔を見開いた黒服には明らかな動揺が見える。三人客のチップをカウントしている様子で、三人合わせて六〇点とサービス三点あったチップが三〇点を切るまでになった状況を凝視している。

「おい、このディーラー合わないから変えろ！」

三人客の一人が黒服に声を掛けると黒服は甲高い声で答える。

「すみません」

客あしらいの悪さに冷めた目線を黒服に送ると、店が上がっている流れと三人客のチップが溶けて来ている事実に板挟みになり揺れた感情が見て取れる。店が上がっているのだから笑顔で客をいなし店側のプラスを喜ぶはずが、客のチップを凝視している姿を見て黒服は黒だと確信した。その後は普通に撒いたが客の流れにならないまま三人客の一人はほとんど溶け、残る二人のチップも一〇点ずつになった。そのタイミングでカットカードが出る。

「カットカードが出ました次回ラストです」

カードが出たことを周りに告げると「次回ラストです」と従業員は声を揃える。その声を聞いた黒服が休憩室から顔を出し焦っている様子が視線の端に見えた。最後の一番も三人客はプレイヤーにそれぞれ張り、それを見てバンカーに張った作業着の客はナチュラルエイトで勝利した。

「エイトスリーのバンカー勝利で終了。お疲れ様でした」

「お疲れ様でした」

方々から復唱が聞こえウェイトレスはおしぼりを一人一人に「お疲れ様でした」と渡していき、集計すると店の浮きは五〇万円程になっていた。

「このツラがなかったら取りやすかったのにな」

亀田サイドとは関係がない作業着の客がボヤくと、竜二がすかさず合いの手を入れる。

「このツラは取れないですよね。うーん、結構難しい罫線ですね」

あくまでお客様を盛り上げる一言を添える。ここが重要な資質で先程みたいに〝このディーラー変えろ〟などと客に言われても〝すみません、今買い出しいっちゃってて人がいないんですよ〟と返せば角は立たず場面にも影響しない。もし〝休憩室で休んでるじゃないか〟と被せられても〝えっ、帰って来たんですか〟などと言って探しにいく振りをして場面から離れれば客も矛を収めざるをえない。

いずれにしても亀田の客を溶かし出鼻を挫けたことは嬉しかった。シューターから残りのカードを出して場面に広げ、罫線にチップケースをカウントした数字を書き、サービスチップを取り出してキャッシャールームに向かう。

「田村君、ありがとう」

キャッシャールームの小窓に罫線とチップを置くと中から声がした。小窓を覗き込むと力の入った目でキャッシャーに頭を下げられこちらも返す。

「どうにか数字ができてよかったです」

そう言葉を添え休憩室に戻ると吉岡からも感謝を伝えられた。これからのことを考えると店をプラスにするためだけに来たのではなく後ろめたさもあったが素直に感謝を受け入れた。

6

結局亀田の手の内の者は六〇万円を溶かして帰り、店は初めての一〇〇万円に届くプラスで終わることができた。店が大きく上がっているのに黒服は終始慌てふためいており笑顔は見られない。帰りの支度をしていると竜二から「店を出てから三〇分後に戻ってきてほしい」とキャッシャーに言われたと告げられ、竜二と近くのファミレスで時間を潰した。

「今日、亀田の手の内が来たけど結局何も起こらなかったね」

ポテトフライといくつかのつまみを頼みビールを流し込みながら竜二は言う。

「ホントだよなぁ、何か仕掛けてくると思ったけど様子見だったのか上がって良かったよな」

上がってよかったという気持ちと、これで終わりというわけではないだろうという釈然としない気持ちを抱えたままビールのグラスを傾ける。時間を潰してから店に戻るとキャッシャーはオーナーと電話で話し込んでいるようだった。手持ち無沙汰になりながらシャッフルでもしていようかとキャッシャールームにカードを取りにいく。

「あれ？　なんか変なところにカード置いてない？」

カードを取ろうと中を見回すとカードが入った段ボールの裏に一二箱だけ隠すように置いてあるのが目に入る。

「ちょっとそのカード見てみようぜ」

キャッシャーが話してる間にカードを一箱だけ手に取った。

「悪い悪い待たせて。ボスに報告したら喜んでたよ」

電話が終わったキャッシャーに声をかけられカードをそのままポケットにしまう。

「今、話したんだけれど一週間って約束だったけれど君達がよかったらずっと働いてもらえないかな？」

キャッシャーからの話に竜二と頷く。

「あの客達が今日負けてくれてよかったよ。今日、過去の帳面見て確認したんだけどあの客達今まで二〇〇〇万円近く勝ってるんだよね。どう、あの客に勝てそう？」

手仕事を入れない限り勝負は時の運なので勝てるとは言い切れない。

「はい、張り腰もいいし長い目で見れば良いお客さんになると思います」

竜二はキャッシャーの目を見ながら力強くそう答えた。

「頼もしい。ほんと頼むよ。もし通うの大変なら近くに寮を構えてもいいってボスが言ってたから大変だったら言ってね」

竜二も自分も吉岡達の寮に住むことにしていたが、関係性の強さを隠すために伏せていた。

「今のところ通えると思うんで大丈夫です。ありがとうございます」

「じゃあこれ定期代で収めておいてよ」

キャッシャーが茶封筒を二つ渡してきたので素直に受け取った。再度キャッシャーの携帯が鳴り、またオーナーらしき電話先と話し始めた。軽く聞こえる内容からすると店の経費計算の細かいところを指摘され説明しているようだ。すぐに電話が終わりそうもないので竜二とテーブルに座りポケットに入れていたカードを出した。

「あれ？　これパンダにしてあるじゃん」

赤い箱のカードなのに青色のカードも混じり二色が六枚ごとくらいで組み合わせてある。通常、シックスデッキには赤三箱、青三箱を使うが、赤の箱を開けたらすべて赤、青の箱を開けたらすべて青で、シャッフルやヤキソバで混ぜない限り二色が交わることはない。つまり明らかに細工がされたデッキだった。色分けを見るとピクチャー（J、Q、K）と10、A、2、3は赤いカードになっており、4、5、6、7、8、9は青いカードになっている。九に近い数字が強いバカラにおいて、この場合同じ色のカード（プレイヤーに赤と赤、青と青）だと弱く、異なる色だと平均で七くらいになり強くなる。様々なシチュエーションで一〇〇近くの手仕事があるがその中の通称〝パンダ〟と呼ばれるものだ。

パンダのカードを使う際には、箱から出したカードの表面だけをショーカードして、そのまま背面を見せることなく混ぜてしまう。そうすると混ぜた後にカードを全て裏返しても違和感はなく、シックスデッキ全てが赤いカードはローカード（10、J、Q、K、A、2、3）、青いカードはハイカード（4、5、6、7、8、9）になってくる。様々な微調整でパンダにも種類があるが四九（よんきゅう）と言われる組み込みがされていた。

亀田達の手口がわかった。あらかじめ仕組まれたカードを黒服がショーカードしてそのまま混ぜてしまえばそこで準備完了。その後、誰がどのようにシャッフルしようともデッキ全てのローカードは赤、ハイカードは青になっており、座り（ディーラーとグルの客）は背面の色を見ながら賭ければいい。

まさかのタイミングで亀田の手口が割れやはり亀田と黒服、手の内の客がグルになって仕事を入れていることが判明した。カードはそのまま元にあった場所に戻し電話が終わったキャッシャーには話さずに店を後にした。

翌日、今度は朝一から亀田の手の内の三人客は現れた。いつものように黒服がショーカードとヤキソバをして吉岡が撒くことになった。竜二と共にわざと休憩室から出ずにいるとゲームが始まりカードの背面と数字の関係性を確認する。やはりパンダが使われていた。カードの数字が透けて見える三人客は当然のように勝ち上がり、シュートが終わる頃には昨日の負け分を取り返した上、二〇万円のプラスになり、思い詰めた顔の吉岡はディーラーの席を立った。

「吉岡君は悪くないから数字は気にしなくていいよ」

吉岡に話すも吉岡の顔が晴れる様子はない。次のシュートは竜二が撒くことになり再び黒服がショーカードとヤキソバする時はわざと休憩室から出ないようにして様子を見守る。竜二のシュートは特にカードの細工はされておらずハイカード、ローカードと分けられてはいなかった。場面には黒服が張り付いていて竜二はカードをすり替えることができず結局、浮き沈みはあれどシュートが終わった頃にはプラスのままで三人客は帰っていった。

「自分の手を汚さず吉岡君達に負けさせるとかふざけてるよな」

竜二は黒服が張り付いていてカードのすり替えができなかったことも合わせて憤る。同じく亀田の手の内が勝ち上がりやり場のない怒りを感じたがどうすることもできず、釈然としないまま一日が終わった。

「パンダやられちゃうとどうにもならないよな。パンダはめくっちゃった方がいいんじゃゃね?」

竜二はそう話すと対抗策を出してきた。吉岡が通常出入りが許されないキャッシャールームからカードを取ってきてパンダに細工されたカードを発見してしまうという作戦で、後はカードの細工をそれとなく伝えようという話だった。確かに吉岡が発見するなら自然だし、実際辛酸を舐めさせられたオーナーサイドと吉岡達にそれとなく答えを知らせる流れは悪くない。進んだ状況を知らせるために川藤に連絡する。

「おー、たーちゃんか。どじょっ子の手口わかったんかいな。こっちは連絡ないからうずうずしとったで」

川藤に今までの経緯を話し今後の対応を相談する。

「なんや、亀田の野郎は酷いことしよるなぁ。わしが関係者だったら速攻さらってしょんべんちびるまでいたぶっちゃるんやけど。ほんま図体でかいだけのどうしょうもない木偶の坊やで。その作戦ええ思うわ。たーちゃん達に任せようわい」

川藤の合意で流れは決まった。後は吉岡がどれだけ自然にこなせるかにかかっている。

「なんすかそれは？　あいつ自分だけ給料もらいながら更になんかしてたんですか！」

偶然を装って見つけるように言うと血の気の荒い吉岡は一気に怒りを爆発させた。

「まぁまぁ、偶然を装うんだから今はあんまりヒートアップしないでよ」

自然さを装ってもらうため竜二が吉岡をなだめる。吉岡達の怒りは亀田に向けられ罵詈雑言が発せられる。

「気持ちはわかるけど俺の顔を立ててここは収めてよ。あくまで偶然って流れが大事なんだから」

竜二の言葉に我に返った吉岡達は矛を収める。遂に決戦は明日だと気持ちを引き締めた。

7

「なんすかこのカード？　色が混ざってますよ」

吉岡は数字が叩き出せなかったからシャッフルの練習をすると言い、キャッシャールームに隠されたカードを取り出して声を上げた。朝礼前の緩やかな店に吉岡の声だけが響く。

「あー、それは使った後のカードだからそれじゃないの使って」

黒服は吉岡の声を軽くいなした。

「このカード横見ればわかるけどまだ使ってないニューカードですよね？」

竜二が割って入って黒服に強く言葉を放つ。すると一気に黒服の顔は強張り引き攣ったまま言葉にならない声を発した。

「どういうことなんですか？　説明してくださいよ」

吉岡のヒートアップした言葉を聞き何事かとキャッシャーも飛び出してくる。ウェイトレスの二人は我関せずとなぜか休憩室に入っていった。

「吉岡どうしたんだ？」

状況を飲み込めないキャッシャーは吉岡に説明を求める。

「いや、なんかカードがおかしいんですよ。勝手にカード持ち出してしまったのはすみません。昨日も負けて僕あんまりに弱いからシャッフルの練習をしようと思ったんです。そしたらこのカード見てください。おかしくないですか？」

キャッシャーはじっとカードを見た。吉岡達の怒りは頂点に達し小刻みに震えているのがわかる。キャッシャーは何か決め兼ねている様子で黒服を凝視していた。

「説明してもらおうか」

キャッシャーはそう言うと黒服を睨んだ。

「えっ、あっ、その。カード間違えて取ったんじゃないすか？」

苦し紛れに黒服は声を絞り出しどうにか笑顔を作ろうとするも口角が上がりきらずちぐはぐな表情を浮かべた。

「吉岡、そのカードはどっから取ったんだ？」

キャッシャーはそう聞き、黒服を除く皆でキャッシャールームに向かう。

「ここです」

吉岡が指差すとキャッシャーは奥に隠してあったカードを全て取り、再び皆でテーブルに戻った。

「全部でこの一二個ってことか」

キャッシャーは手に取ったカードを並べて確認する。箱を開けカードを取り出すと全てのカードがパンダになっており空気が固まった。

「一つならまだしもこれだけ全部細工されてるのはおかしいだろ」

キャッシャーは小さな声で誰に言うわけでもなくぼそりと呟く。今までのジレンマの答えがここにあることを確認するように落とした目は殺意にも似た鈍い光を放っていた。

「ちょっと待ってろ。お前らここから動くんじゃないぞ」

普段とは違う太く低い声で呟くと携帯を取り出し、ゆっくり天井を見上げながらどこかへ連絡する。

「店が上がらない理由わかりましたわ。カードに細工がしてありました」

電話のやりとりを耳にしている黒服は完全に固まったまま縋るような目でこちらを見た。周りの突き刺さるような目線に耐えきれず小刻みに震えている。込み入った話になっているのかキャッシャーは少し離れた場所まで歩きながら細かい説明をしていた。聞き取れない位置まで移動したが話がまとまったのか携帯をしまいながら戻ってきた。

「田村君達ごめんね。今日は店をクローズするから帰ってもらえるかな。吉岡は説明してもらうから残って」

休憩室に荷物を取りにいくとウェイトレスはびくっと驚き、話していた携帯を隠すように後ろを向いた。

「今日は店休みだから帰っていいって」

竜二がそう伝えるとどこかに電話をしていたウェイトレスは「店出てから掛け直すね」と電話口に伝え、通話を終えた。ホールに出ると吉岡はＡ４の用紙にマジックで〝空調工事のため、本日は休業致します〟と書いた張り紙を作っていた。常に人当たりの柔らかさをまとっていたキャッシャーは据わった目で黒服を睨み、黒服は青褪めている。

「お先に失礼します」

店を出るタイミングでキャッシャーに向かい挨拶すると顔はこちらに向けず手を挙げた。

店を出て竜二と吉岡の連れのディーラーとダイニングバーで待っていると三〇分後に吉岡から電話が入った。

「田村さん達今どこにいるんですか？」

吉岡に店の場所を伝えると五分もせずにやって来た。

「あれからすぐに見たことのない人が店に来て、カードを見つけた場所とこのカードはなぜこのようになっているのか聞かれました。あのカードの細工がどういうことなのかはわからないと伝えると帰っていいと帰されました」

カードを見つけてパンダだけやめさせればいいという算段だったが、話が進み黒服が吊るし上げられればそれはそれで良い。

「来た人っていうのはいくつぐらいの人なの？」

店の裏方であろう人物が気になり吉岡に聞く。

「はい、三〇半ばくらいのゴツい柔道やっているような身体つきの人でした」

吉岡の情報だけではケツ持ち関係なのかオーナーの取り巻きの人間なのかわからなかったが、揉め事を司る立場だと思われ一筋縄ではいかない人物であることは想像できた。

「黒服はどうだった？」

竜二が吉岡に聞き皆の視線が吉岡に集まる。

「いやー、あんな奴だとは思いませんでしたよ。キャッシャーと来た人間に問い詰められて〝店を上げようと思ってやりました〟とか言って二人はぶち切れてました。僕は二人に〝吉岡ありがとう、今日はもう帰っていいよ〟って半ば強引に帰らされて。ちょっとヤバい雰囲気になってました」

オーナーサイドからしてみたら店を上げようと思ってという言葉は、じゃあ、今までは何だったのかと辻褄が合わなくなるのは当然で黒服自らテンパって地雷を踏んだようだった。博打のイカサマは片腕が相場と言われた時代もあったが、片腕とはいかないまでもそれなりの制裁が行われていると思われた。しかし今、どのような憶測をめぐらしても答えは出ないので気分を変えて飲み直すことにした。

「田村さん、土屋さん本当にありがとうございます。今までどうにもならなかった流れがお陰様で一気に良くなりました」

酒が回り饒舌になった吉岡達は口を揃え感謝を伝えてくる。

「気にしなくていいよ。乗り掛かった船だから店が上がって吉岡君達の給料がキチンと出る時まで取っておいて」

店が休みになり折角皆で飲む機会だから堅苦しい話は避けた。

「それはそうとあいつらも呼びます？」

吉岡に言われあいつらとは誰かと聞くとウェイトレスの二人だった。黒服の一悶着の時に微妙な行動をしていたのが気になったが、ウェイトレスには罪はないと考え直し吉岡に委ねる。

「任せるよ」

「じゃあ呼んじゃいますね」

吉岡は携帯を取り出すと電話を掛け始める。

「奢りなら来るって言うんで呼んじゃいました」

店が急に閉まり、ウェイトレス達も暇をもてあましていたようで合流する運びとなった。

「お疲れ様です。あれっ、土屋さん達もいたんですか?」

パステルカラーのアルバローザと書かれたハイビスカス柄のワンピースと、ミジェーンのパーカーを着て高いヒールのブーツを履いた二人が、こちらサイドを見ると少し気後れした様子でやってきた。

「おー、こっち座りなよ」

竜二が席に誘導すると目を合わせた二人はそのまま席に座った。

「ホントに何頼んでもいいんですか?」

吉岡が頷くと本当に食べられるのか不思議になるくらいの注文を店員に伝える。

「パキパキなんかしたんですか?」

パキパキとは何のことか不思議に思い首を傾げると、背の高いアルバローザを着たウェイトレスは笑いながら続けた。

「まじウケる。結衣パキパキじゃわかんないよ。あいつマジいらないからいなくなってほしい」

どうやらパキパキとは黒服のことらしかった。

「あいつちょートイレ長いんだもん。何度漏らしそうになったかわからないよ」

そう言うと酒の入った一同は笑いに包まれる。店のトイレは男性用と個室が一つずつしかなく、覚醒剤の使用で個室を占領されると女の子が困ることは容易に想像できた。

「速いの皆わかってるんだね。てっきり黒服とは仲良いんだと思ってた。そういえば下の名前なんて言うの？」

パーカーを着た気の強そうなウェイトレスに竜二が話しかける。

「わたし美結でーす」

「わたしは結衣です」

二人は店とは全く違うノリでシナを作りそれぞれ自己紹介をした。竜二は美結を気に入っている様子で服装を褒め、美結は素直に喜んでいる。一方結衣はお腹が空いていたのか、テーブルにある食事に遠慮なく箸をつけ貪る。

「田村さん彼女いるんですか？」

一通りの料理に手を付け、頼んだグラスホッパーを半分程飲むと結衣は上目遣いに笑顔を含ませながら尋ねてくる。

「いないよ」

さすが水商売あがり、巧みな処世術だと思いながら答えると、結衣はありったけの笑みを浮かべ小首を傾げる。

「わたし、あの黒服辞めてほしい。あの人がいると余計な仕事増えてホント面倒くさい」

カールしたアッシュグレーの長い髪の先を弄びながら甘ったるい声で続ける。

「ん？　余計な仕事って何？」

突然の切り出しに気になった箇所を指摘する。

「あいつが電話のサインを出したら亀田さんに店の状況報告しなきゃいけないのが面倒くさいんですよ。亀田さんもただのお客さんで、店に来るなら一〇万くれるって言うから美結と一緒に前の店辞めただけで。ディーラーになったら日本中回れるって言うから楽しみにしてたのに全然違うし。田村さんは地方とか行ったことあるんですか？」

やはり休憩室で亀田に電話連絡していた。点が線になる暴露には驚いたが、話してくるということは詳しい内容までは聞かされていないということだろう。すぐにその場で共有してもよさそうな情報だったが折角の楽しい場が崩れる上、彼女にとって不利益になる流れを感じ、できる限りの薄めのリアクションを返した。

「その話は二人だけの秘密にできる？　それは話さない方がいい話だと思うよ」

そう話すと一気に距離を詰めてきた結衣は不思議そうな顔を浮かべた後、息を呑み一つだけ頷く。

亀田、結衣のラインが透けこちらとしては願ってもない発言であったけれど今、店で起こっていることを想定すると濁流の中に彼女を放り込むには無防備過ぎて危うい。

「あっ、地方は行ったことあるよ。確かに日本中カジノあるし覚えれば結衣ちゃん可愛いしどこでもほしがるだろうなぁ」

結衣が後ろめたさを感じないように話を変えると、顔を綻ばせ膝をくっつけてきた。

「わたし沖縄行きたーい」

結衣が皆に聞こえる大きな声で手を上げながらおどけると丁度竜二の携帯が鳴り、場の空気が止まった。

「あっ、はい。今からですか？　わかりました。近くなのですぐに行きます」

話は聞かずともキャッシャーからの電話だとわかり、男性陣は固唾を呑んで竜二の言葉を待つ。

「田村と二人でちょっと来てだって。吉岡君ちょっと席外すからこのまま飲んでてよ」

美結と結んだ手を名残惜しそうに放し竜二は立ち上がると一つ深呼吸をした。


店の前に着くと電子錠が開き、一八〇センチをゆうに超える同世代の華奢な男に出迎えられた。

「お疲れ様です」

華奢な男は深く頭を下げると手を差し店の中へと誘導してくる。

「失礼します」

竜二と低く声を出し店の中へと入ると、キャッシャーとがっしりとした中背のセットアップを着た男がテーブルに座っていた。視線を落とすと床に正座しながらキョロキョロと落ち着きのない様子で右手を押さえている黒服と目が合う。押さえている右手の先を見ると親指が平べったく潰れ、青っぽくくすんだ色になっている。そばにいくつか転がるおしぼりにはまだらに鮮血が付いていた。

黒服は潰れた指を押さえながら涙の枯れた顔をこちらに向け「すみません」と小さく声を漏らした。

「田村君達悪いね。こいつが何をやったかしらばっくれるんでこのカードはどういうことか教えてもらえるかな？」

キャッシャーが柔らかい声をこちらに向けると同じ穴の狢だと思われたのか、中背の男に睨まれ少し気分が悪くなりながら答える。

「多分客とグルになって悪さをしていたんだと思います」

黒服の手口は全て透けていたが勿体ぶりながら言葉を選んだ。

「亀田さんに連絡させてください」

黒服は懇願するが中背の男は無視し、黒服に鈍い視線を落とした後推し量るような冷たい目でこちらを一瞥した。

「まぁ、悪さしてたのはわかってるしうちのカジノ畑に聞いてみるからそれはいいか」

中背の男が言うカジノ畑とは組織のことを指すのだろうか？　座っている男の方を見ると前のテーブルの上に注射器が転がっているのが目に入った。場違いな器具に驚くとそれを見透かしたように中背の男は腕についた太い筋肉を撫でながら言う。

「あー、これか。こいつの所持品漁ったらシャブが出てきたからこいつのためにポンプで全部ぶってやった」

そう話すと華奢な男と目を見合わせ笑みをこぼした。激痛が走っているはずの潰れた指を黒服がそこまで痛がっていない理由を理解し、只の制裁だけではなく警察に駆け込まれないために打たれたとも思える。黒服に目をやると薬理効果に身を任せ小刻みに身体を震わせている。オーバードーズに近い今の状態だと指の怪我で病院にかかっても警察に繋がるような内容は話せないだろう。

八方塞りに追い込まれた黒服が亀田に連絡したいと話していることを考えると、亀田はこの状況をまだ知らないと思われる。ウェイトレスの結衣から一報は入っているはずで、今のタイミングで何も動きを起こしていない亀田に他人事ながら憤りを覚える。

「こいつのキャッシュカード、この二枚だからお前ら金抜いてきてくれ」

中背の男はこの状況を支配している力を誇示するべく、威圧的に命令してくる。もしこの一件が表沙汰になれば他人のキャッシュカードを使用したこととなり、この場に巻き込まれることになる。

こちらが空気に呑まれ首を縦に振ると決め付けた中背の男の劇場的な振る舞いに少し白けながら、その状況を止めないキャッシャーにも呆れた。余計なトラブルの元を背負うのは御免だと切り出す。

「自分達このカジノに雇われているディーラーなんでゴタの片棒は担げません」

隣の竜二が戸惑いの表情を浮かべた様子が視界の端に入るがこちらは外野で、責務の一線を越えた話を呑むつもりはない。後ろ手を組んでいた姿勢を崩し今一度キャッシャーにどういうことかと視線を送る。怒りに身を任せて状況に入り込んでいたキャッシャーはこちらの態度を察し身体を向けた。

「田村君達はとりあえずありがとう。今日は帰ってもらって構わないよ」

キャッシャーから冷静でまともな答えが返ってきて、賭けに勝てたと胸を撫で下ろす。我に返ったキャッシャーは中背の男に向かってそれはないと首を振り、こちらの態度を引き取った。中背の男は特段怒りをぶつけるわけでもなく、こちらを一度強く睨み犬をあしらうようにしっしっと手を投げる。それを見た華奢な男は殺意を乗せた目でこちらを強く睨み、どんな動きでも取れるようニュートラルに一歩だけこちらに踏み込む。

　黒服のことは知ったことじゃない。それよりこれから亀田にどのように繋がり、また亀田を詰めるかが気になった。

「この場のことは他言するなよ」

　中背の男はドスを利かせた声で言い放つと、華奢な男は一歩引きキャッシャーに見送られながら竜二と共に解放された。


「ほやったら亀田は詰められてないん？」

　吉岡達のいるダイニングバーに戻る前に川藤に連絡すると質問が返ってきた。

「キャッシャー達は何か考えがあるようでまだ亀田の話は出ていませんでした」

　あの状況で亀田の話を詰問すれば黒服は隠し通せないだろう。しかし現場を離れた今、全ては明日店が開けばわかることでいくら仮定を積み重ねようと憶測の域を出ない。

「それにしてもたーちゃんの作戦大当たりやのう。これからどうして行くんがええかいの？」

「明日はまだ成り行きを見守りたいです。早かれ遅かれ近いうちに座りを派遣してほしいです。ウェイトレスの働いていたキャバクラで金落として店の関係者に〝ここらにポーカーとか遊ぶとこないの？〟とか聞いてもらえれば、関係者は店に客として来ているんで動線はできると思うんですよ」

「ほんならそんな流れでやってみようわい。明後日そっちに出向くで、そっちにいるわしの方の人間と顔合わせするんはどうかの？　きちんと紹介しといた方がええ思うでな」

小一時間程でダイニングバーに戻ると吉岡達とウェイトレス五人はこちらを見て動きを止めた。

「なんかトラブルみたいだね。揉めてたよ」

場の空気を考えて軽い言葉を選ぶと、成り行きが気になる吉岡達は踏み込んだ話を聞きたそうにこちらを見た。

「なんだ皆固くなって。駄目だぞ駄目だぞ折角の酒の席なんだから楽しまないと。仕切り直しで乾杯しよ」

竜二は更に軽いノリで場を崩すと残っていた氷の溶けたグラスを掲げ、吉岡達も合わせてグラスを掲げた。

「中国語でやります。しゃんはーい」

「しゃんはーい……」

絶妙に滑った乾杯が功を奏し、また店を出る前の空気に近づき、竜二は美結の隣に腰を下ろした。

「皆揃ったし結衣カラオケ行きたーい」

突然結衣は言い出すと周りも同調し、テーブルに出ている食べ物と酒を腹に収め二次会に向かうことにする。

「さっき話してたんですけどここは俺らに払わせてください」

吉岡は伝票をいち早く手に取り支払いを買って出たのでそのまま任せることにした。タクシー二台を止めそれぞれ乗り込み、酒の勢いに任せ長い時間カラオケを楽しんだ。

8

「今日は店開くってよ」

二日酔いの頭で目を覚ますと竜二と吉岡達は店に向かう準備をしていた。急いでシャワーを浴び身だしなみを整える。

「さっき吉岡君に黒服のこと聞かれたから〝辞めるって言ってたよ〟とだけ話したから合わせといて」

竜二に耳打ちされひょっとして黒服が店にいることはあるのかと考え、注射器を思い出し、その可能性はないと打ち消した。店に到着し黒服がいないことを確認すると眠たそうなキャッシャーと目が合う。

「昨日はごめんね。また、今日からよろしく」

昨日の殺伐とした雰囲気は微塵も感じられない店内を見渡しキャッシャーに頭を下げる。それぞれの持ち場を掃除してオープン一〇分前になるといつも通りミーティングが始まった。

「今日から土屋君にディーラーチーフをやってもらう。ここ何日か店の数字も上がってきているんで引き続き気持ちを引き締め頑張りましょう」

キャッシャーの言葉を聞くも誰も黒服の話に触れることなく竜二の番になる。

「昨日は店が急遽休みになって各自リフレッシュできたと思います。今日からディーラーチーフになったこともあり、より一層お客様が楽しめる雰囲気作りを進めていきたいと思います。皆の力添えがあってこその店づくりになりますので、どうか協力よろしくお願い致します」

竜二が話し終えるとキャッシャーは拍手し、皆も手を叩いて新たなチーフを祝福する。キャッシャーはシャッフルの後にインチョンをするように伝達しミーティングは終了した。インチョンとは六デッキが揃った状態で二、三〇枚のカードを抜き取り、そのカードを適当に差していくことだ。インチョンの話が出たということはカジノに詳しい誰かしらからの助言があったと考えられ、昨日の出来事を考えると納得のいく流れではあった。

店がオープンしいつものように客は入り、ウェイトレスも吉岡達も昨日の飲みの効果か、客に丁寧な対応をして店の雰囲気は良くなり、結果的に店は八〇万円の上がりで閉店した。店を出るタイミングで吉岡達には寄るところがあると伝え、川藤に連絡する。店が通常通りだったことを伝えると、川藤からは明日の仕事前に二駅離れた繁華街の雀荘に集合するように指示を受けた。

翌日、いつもより早く起きて竜二と共に待ち合わせ場所に向かう。指定の雀荘は駅から三分程の距離にある雑居ビルの五階だったが同じビルにはマッサージ屋や居酒屋もあり周囲を気にすることなくエレベーターに乗り込む。念のため、各階のボタンを全て押し各階を経由して、ゆっくりと五階に向かった。五階に止まりエレベーターの扉が開くと、店内に直結しており、同世代の若者が一人だけ立っていた。

「お疲れ様です。今、ちょっと二人は出ちゃってるんでこちらで少しお待ちいただけますか？」

全自動卓が四台とパーテーションの奥にソファーが見えるが、古びた店内に客の姿はなかった。店の奥のソファーに案内されると飲み物を聞かれアイスコーヒーを二つ頼み、上座を空けて腰掛ける。店内の注意書きには〝暴力団関係者お断り〟の文言は書かれておらず、代わりに注意書きの一項に〝核兵器持ち込み禁止〟と謳ってあるのを見つけ場慣れした鉄火場とは違った種類の狂気を感じ取る。

「おー、たーちゃん。久しぶりやのう」

引き締まった身体に白いリネンのシャツ、黒い皮パンツにクロムハーツのブレスレットをつけた川藤が笑みを浮かべてエレベーターから出てきた。横にいるジャージ姿の筋肉質の巨漢はいかにも武闘派といった感じでアームサポーターをつけている。

「ご無沙汰しています。よろしくお願いします」

立ち上がって挨拶をして川藤達が座った後座り直した。

「結局、亀田が詰められたのかはわかってなかろう？」

「亀田の話はキャッシャーから出なかったんでわかっていません。一昨日の件で亀田サイドの流れはなくなったんで店を上げて抜いていきたいと思います」

キャッシャーの雰囲気からは読み取れない亀田の流れは気になり、今後全く関わらなくなるのかラインは保ったままなのか大事なところだ。

「とりあえず座り入れてもらえれば店を上げながら動き出したいと思います」

店と川藤達の雰囲気に呑まれていた竜二だったが、カジノの話が出ると後に続いた。

「そう言うと思うたわい。もうすぐあと二人来るけんのう。そいつら来たら詳しく話しようわい」

そういうと川藤は昔話を始め、空気が緩んできた頃に、隣に座ったジャージ姿の男を紹介した。

「田村君と土屋君でいいんだよね。山下です。川藤さんからいろいろ聞いているんで何かあったらすぐに言ってもらえれば若いの飛ばすんでよろしく」

筋肉質の巨漢、山下はそう言うと広域組織の代紋が入った名刺を差し出した。

その時、再度エレベーターの方から声が聞こえてきて振り向いた。

「お疲れ様です。失礼します」

どこかで見たような二人が川藤と山下に挨拶をする。

「たーちゃん、見覚えないんか？　誰だかわかっとろう」

川藤が楽しそうに語りかけてくると竜二は二人が誰だかわかったようだった。

「あれ？　昨日キャバクラの人と店に来ていませんでした？」

竜二が語りかけると二人は笑みを浮かべバカラを打つ手付きを真似た。

「たーちゃんが言う通りキャバクラ行かせたらすぐにカジノへ案内されたわい」

川藤が既に座りを送り込んでいたのは話が早い。昨日二人はそれなりに張り最終的に少しマイナスで帰ったはずだ。確かに昨日来た時、やたらこちらに視線を合わせてきて、てっきり目の黒い客（仕事などを知っている客）かと思ったのだった。

「たーちゃん、それで先に言っときたかったんやけど。こっち人数おるでな、吉岡達の給料埋めたらそれからは上がりの半分もろても構わんやろか？」

場面はできあがっているので割合より数字だとすぐに返事をする。

「それは構わないです。よろしくお願いします。そういえばこの前、吉岡君達の給料一五ずつ出てました。店が上がっているんで残りも少しずつ埋められると思います」

黒服がいない今、細かくタイミングを合わせなくても数字を叩くことはできる。山下の地域のパワーバランスの話を少し聞き、簡単な顔合わせは終わった。念のため、帰りもマッサージ屋の階でエレベーターを降り階段を使ってビルを出た。


店は竜二がディーラーチーフになった後、都内の繁盛店のサービス内容を真似た企画を行い、客数も増え繁盛していった。

川藤の座り（こちらサイドのグルの客）も三〇〇上がるごとに入れ替わって行き、川藤の話では〝二週間のアルバイトで日に三万、足代と宿付き〟という条件で観光を兼ねてアルバイト気分できているということだ。

店は月に四〇〇〇万円程上がり、同時に仕事を掛けた利益も二〇〇〇万円程上がる。吉岡達には竜二から少しずつ仕事の話を匂わせていき、最終的には「田村さんと土屋さんについていきます」とこちらに全面協力という形になった。店からの給料の他に月一〇〇万円近くをそれぞれに渡すことになった。

給料が払われずに困窮していた状況から全ての給料を受け取り、更にボーナスを手にし「もらいすぎです」と困惑していたが「この業界はそういうものだから」と納めさせると素直に頭を下げた。

店のことは全て手の内なのでいかに店から抜くかより〝いかに店を流行らせておこぼれをいただくか〟に尽力し、客数が増えた場面で良い流れをキープするために気を張った。どうやって太い客を増やすかをキャッシャーと話し合い大体の決め事がうまくいった。水商売の役職者やゴルフ場経営の客には、太い客を連れてきたらその客が月トータルで落とした金から秘密裏に一割払う取り決めをした。ゴルフ場の経営者が連れてくる客は初めこそ軽く遊んでいる程度だったが化ける可能性があり、実際何割かの客が本客に化けた。そんな流れの良い状態が三ヵ月くらい続き事件は起こった。

9

通勤には月極めで借りたレンタカーを使い、店の近くの駐車場に止めるようにしていた。店が終わり、地元に帰る座りから現金を回収するため、座りが滞在していた二駅離れたサウナに向かった。現金を受け取りサウナを出た時のことだった。

「お前、何してやがったんだ！」

大柄な格闘技をやっていそうな男がいきなり飛び掛かってきた。他にも続々と合わせて五人の人間が掴みにきて完全に身体の自由が奪われた。目線を走らせて確認すると声を上げた人間は亀田サイドの座りだった客で、他の二人も何度か見たことのある顔だ。力任せに持ち上げられ小突かれながらワンボックスカーに投げ入れられる。その瞬間に飛び出して来た竜二と狼狽する吉岡達が目に入る。

〝さらわれる！〟

急発進する車の中で、どのような状況でこいつらがここに来たか今までの経緯で隙があったかどうか思考を張り巡らせる。

「お前の行動は全部わかってるんだよ」

逆上した亀田サイドの座りは身体を震わせながら腹を殴ってくる。

立て続けに車内でいくつもの手に殴られ胃酸が喉までこみ上げる。殴られながら何人かは全力ではなく形だけ殴っているのが感じ取れる。どうしてさらわれることになったのか自分の不手際を考えるも決定打はなく、山下の名刺を出せばこの場は収まるかもしれないが、火に油を注ぐことにもなり兼ねないと思い一旦流れに任せる。

「お前が階段で話してるのは盗聴器で聞いてわかってるんだよ」

息を上げ興奮しながら亀田の座りは襟首を掴みこちらを恫喝する。階段で話していた？　確かに電話をしながら店の外階段を通過したことは何度かあったが、盗聴器が仕掛けられていたとは詰めが甘かった。思考をフル回転させ何を喋っていたか思い起こすと、確かに二回程川藤と座りの人間に連絡していたことが思い起こされる。まさか階段に盗聴器とは裏をかかれた。これからどうなるか考える中、黒服に行われた制裁が頭をよぎる。どうにかして逃げないと。今ここで手を出しているる中でそこまで気乗りしていない人間の方向を見定める。

「給料が出ていなくて苦しかったんです」

自然に声が出て、何が何でも逃げてやると心を決めると自然に涙も出てきた。ここは駄目元で全力で賭けに出て、一芝居打つしかない。一瞬で物語を構築する。

「消費者金融にも借りてるし給料はそのまま取られるし、断ることもできなかったんですよ」

あくまでそれらしいことは喋っても行動が透けないよう細心の注意を払い言葉を選ぶ。

「それはどういうことだ」

グループの中では仕切り役になっているであろう一番に飛び掛かってきた男がこちらの話に耳を貸す。

「店の給料は出てないんです」

涙を止めず鼻も啜りながら風穴を広げにかかる。給料の支払いは相手の手の届かないことと決め打ち被害者面を決め込むことにする。さらった人間に耳を貸す時点で甘く、殴る手も止まった。形だけ殴っていた人間がいたことを考えるとこのチームは洗練されていない。そう考えると光が見え少し気分は軽くなり、ジョーカーの出し合いになれば負けることはないと心を一旦奥に仕舞う。

給料が払われていない話で場は収まり、連れていった先の何かに判断を任せることになったようだ。行き先を考えると煮ても焼いても食えない人間達が思い浮かび一層逃げる決意が強くなる。高速道路に入ると空気は緩み嵐の前の静けさが訪れた。涙を止めないように少し顔を上げ前を見ると高速出口が左手に見え、その少し先で前の車がハザードを焚いているのが目に入った。

〝今だ！〟

ハザードを見てスピードが緩むタイミングを計り、一気にドアに手を掛け車から飛び出る。両サイドにいた男達の手が一斉に伸び服に手がかかるのを振り払うと、高速道路上に身体が転がり何度か回転した。ワンボックスは五メートル程走って止まる。後ろの車は急ブレーキを踏み身体一つ手前で止まる。逃げ切れる！　体勢を起こし高速の路肩を先程見た出口まで一心に走った。

途中後ろを振り向くと殺気のこもった視線は感じるも追いかけてくることはなく、既に三〇メートル程車との距離は空いていた。気を抜かず全速力で逆走すると出口に着き、料金所の人間達の視線は刺さったが制されることなく料金所を突破した。

息が上がり渇いた喉に痛みが走るが足を止めることなく駅方面を目指し、力を振り絞り繁華街を走る。駅前の人込みをぶつかりながら駆け抜け、バスにクラクションを鳴らされながら駅の交番の一〇メートル手前のセーフゾーンに倒れ込んだ。携帯を取り出し川藤の番号を鳴らした。

「土屋から話は聞いた。たーちゃん身体は大丈夫か！」

川藤の声は力強く一気に安堵で弛緩した。

「はひっ、高速で振り切って……はぁ……どうにかガラを躱せました」

乾燥して張り付く喉でどうにか無事を伝えると交番から訝しげな視線が飛んできたが、強い目線で睨み返す。唾液をゆっくり呑み込むと喉も若干潤い、激しく刻む心拍数だけを残し冷静さを取り戻せた。

「おい、たーちゃん！　どこにおるんや!?」

走って逃げ切り駅前の交番に至った旨を伝えるとキャッチホンが亀田の携帯の番号を表示した。

「亀田から携帯が鳴っています」

「今は出んでええわい、今からそっちへ人を送るけん亀田はがっつり言わしたるから待っときや。電話は繋いだままにしとくで」

携帯を耳に当てながら周囲を見渡し安全を確認する。繋いだままの電話口からは激しいやり取りが聞こえてきたが、ただ耳に当て駅前の人通りを眺めながら待った。五分程経っただろうか、再度川藤の声が聞こえる。

「たーちゃん、白のレクサスがもう着くけえ。安心してな」

川藤に聞くや否やロータリーを縫うように走る白のレクサスが目に入った。ブレーキ音を鳴らしながら止まると車の窓から巨漢の山下が顔を出す。運転手はすぐに飛び降りると後ろのドアを開けそのまま吸い込まれるように車に乗り込んだ。車に乗り込むとまず身体の心配をされ次に亀田の電話番号を聞かれ伝える。亀田の電話番号はすぐに川藤に伝達され、緊迫した車中で断りを入れ竜二に連絡を入れる。

「田村、大丈夫？　突然のことでびっくりしたよ。すぐに川藤さんに連絡して事情は説明したんだけどあいつらは何を根拠にきたの？」

「どうにか大丈夫だったよ。階段に盗聴器が仕掛けてあったみたいでさ、会話の一部を聞かれてたみたいでそれでだよ」

「俺らは川藤さんの指示でカラオケボックスに待機して身をかわしてる。田村だけがさらわれた件で川藤さんかなりキレてて、何より無事でよかったよ」

　竜二への連絡が終わると車はシティーホテルの駐車場に乗り入れた。するとホテルの玄関から川藤達が出てきてこちらに手を振った。車を止めると川藤達は駆け寄ってくる。

「たーちゃんが無事で何よりや。亀田にかまし入れたら始めは調子乗りよって御託並べてた癖に、大人の話したらすぐに静かになりようて女々しいやっちゃ。上に行こうわい」

　シティーホテルの部屋には一〇名程の若い衆が詰めていて、様々なことを聞かれ全ての情報を共有した。川藤によると向こうの後ろ盾にも話は通り、一時間くらい後で近くのロイヤルホストで話をつけることになったという。その場面での押し出しを強めるためにちょっとした細工が行われることになった。

「たーちゃん、山下と従兄弟っちゅうことになってるから承知しといてな」

川藤と亀田の後ろ盾との間では秘密裏に話はついており、カジノの件についてはどのような証拠があっても不問、山下の従兄弟という設定の自分をさらって手を上げた内容が争点になるとのことだった。部屋にいた若い衆の半数は車で待機するために外を出て、時間になると三台の車に分かれロイヤルホストに向かった。


駐車場は異質な雰囲気の高級車で溢れていた。自分達を乗せた車が駐車場に入ると高級車のドアが開き、スーツの男達が出てきて川藤と山下に深く頭を下げる。

「わいと山下で向こうの席につくけん、たーちゃんは離れた席に座っとってや」

山下の手の者に預けられ川藤と山下を先頭に何人かがロイヤルホストに入っていく。少ししてから入店すると、窓側の席に緊張した面持ちの亀田と筋骨隆々な男が座り、その向かいに川藤と山下が腰を下ろしていた。その周囲の全てのテーブルには張り詰めた空気の二〇人程の男達が座り、普段は威勢のいい亀田は借りてきた猫のように身を縮ませている。川藤が話し始めると場の緊迫感は増し、初めて会う隣にいた男にドスの利いた小声で指示された。

「上のもんが話してる時はキチンと構え」

言われるように周りにならい中腰の姿勢で話の成り行きを見守った。亀田はぼそぼそと言い訳のようなものを口にしているが、声にはまったく力がない。そこに川藤が語気強くかぶせる。

「おどりゃ何抜かしとるんや！　人の身内に手出しおって。よくわからんこと言いよらんとキチンと侘びれんのか！」

突然の怒声に一気に場の空気は凍りつき、皆腰の重心を落として相手の出方を窺う。おそらく亀田がカジノの話を切り出したところにカマシを入れられた様子で、隣の男に縋るように目をやるも筋骨隆々の男は亀田と視線を合わせることなく川藤と睨み合っている。

〝これは出来レースだ〟

先程川藤が話はできていると言った通り既に落とし所は決まっており、やり合えばやり合う程亀田の立ち位置は悪くなる流れが見えた。川藤と山下が突っ掛かり、筋骨隆々の男は気を張りながらもそれをなだめるように話し、亀田がどんどん萎縮していく様子が離れた位置からも手に取るようにわかる。

二〇分程経っただろうか、話はひと段落した様子で山下が手を挙げ合図をすると一人の男が立ち上がり、全てのテーブルを回り伝票を集めまとめて会計をする。

先に亀田と筋骨隆々な男が立ち上がると出口に向かい、筋骨隆々な男が肩を怒らせて歩く後ろに隠れるように意気消沈した亀田は小さくなって続いた。その時、亀田は一瞬こちらに顔を向け、目が合った。個人的な恨みといった感情ではなく、全体の中の一つの点をぼんやりと見つめるような力のない視線だった。亀田は出口で小さく頭を下げ出ていった。

それを見送ると周囲の男達は一斉に椅子に座り、誰も手を付けてないアイスコーヒーの氷は半分溶けていた。少し話をした後、川藤と山下が席を立つと周りの男達が道を作り出口まで見送った。その後、自分たちも外に出て今回の件がわずか二時間程で終わったことに不思議な感慨を抱いた。


「たーちゃん、今回の件、五〇でええか？」

車に乗り込むや否や川藤から金額を提示された。

「はい、ありがとうございます」

全てが解決して更に見舞金が出るとは思わなかったけれど素直に受け入れ、果たして今回のゴタはどのくらいの金額になったのか気にはなったが聞くことはしなかった。その後、車中に会話はなく無言のままホテルまで戻る。

カジノ業界もそうだったが手の上に現金が乗って初めて一連の話が終わりを告げると感じた。ホテルに着くと部屋の中に川藤と山下と三人だけになり山下から関東のカジノの分布を聞かれ、過不足なくできるだけわかりやすく説明した。一通り説明が終わると何かを待つように静かな時が流れる。

「たーちゃん、今のハウスはどないするん？」

川藤から今後を聞かれ、どれだけ強い後ろ盾が付こうと盗聴器に内容がわからない録音が残ったこと、吉岡達の未払い給料の問題は解決していてタイミングがいいと思えることを伝えた。

「丁度いい引き時だと思うんで土屋と僕は店上がろうと思います」

「ほうか、わかった。そやったらわしも少ししたら地元に帰ろうわい」

川藤が話を合わせてくれたことは顔には出さなかったが何より嬉しかった。吉岡達は残ってもキチンとやれるだけ育っていたし、出たら一番に話をしようと考えた。またしばらくの沈黙が訪れた後、ドアをノックする音が聞こえ川藤の手の内の者が部屋に入ってくる。

「お疲れ様です。言われたもんを取ってきました」

手の内のものはアタッシュケースを川藤に渡し、川藤は中を確認する。

「おー、そしたら車で待っといてくれや」

川藤はそう言うと手の内の男は一礼をして部屋から出ていった。

「ほならたーちゃんこれ、受け取ってーな」

川藤はアタッシュケースの中から一〇〇万円の帯を取り出すと半分に分け、数えてから五〇万円を渡してきた。川藤が紙幣を数えている時に少し見えたアタッシュケースの中には一〇〇〇万円程入っているのが見えた。

「ありがとうございます。収めさせてもらいます」

川藤から札束をもらい金額は確認せず財布に収めた。

「あ、土屋達、カラオケボックスに閉じ込めたままやった」

川藤がそう言うと三人に笑みがこぼれた。

第六章
狂気の一夜

1

ほとんど休みを取っていなかったため、次の仕事まで竜二と骨休めをすることにした。丁度身体が空いている仕事仲間二人にタイにでも行こうと誘われ、とりあえず会って話そうという運びになった。

四人で集まると業界話に花が咲き、酒も進む。そこに同じ業界のグループが合流し、テーブルを共にする。都心の流行っているカジノは当時二四時間営業が主流になりつつあって、二四時間営業している居酒屋は渋谷だと山家、新宿だと健心流、池袋だと大都会、食事なら南青山ＳＡＲＡなどとなり、同業者と顔を合わせるケースが多かった。

結局、居酒屋に一〇人程が集まって盛り上がると旅行の話は後回しになり、あの店は危ないとかあそこの店の給料が遅れているとか、地方はどこが盛り上がっていてどんな客が大きく溶かしているなどと話題は尽きない。流動的に業界を渡り歩く面々はお互いを知り、酒の場で話される噂の信憑性は高かった。

「この前、渋谷の店パクられたじゃん。あの時黒服のロッカーから草が二キロ出てきて大変だったらしいぜ」

「一応、内密にしてるらしいけど新宿のあそこ黒服が二〇〇〇万持ち逃げして賞金首になってるんだって」

　皆が共有できる範囲の情報や噂を好き勝手に話せる場は楽しく、旅の予定を組むはずが与太話に花を咲かせ泥酔し帰ることになった。


　携帯の着信音が酒が抜けきらない頭に響く。どうにか携帯に手を伸ばすと以前パチンコ屋で話した直営店の座り、矢崎からの電話だった。

　時計を見ると帰宅してから数時間程しか経っておらず自分の息が酒臭いのがわかる。

「はい、ご無沙汰しています。どうにかやっています」

「おー、田村。元気しとるか？」

　完全に目は覚めスイッチを入れる。

「おみゃー、今どこかで働いちょるんかのう？」

　仕事の話だとわかって一瞬迷うも正直に答える。

「いえ、前の箱を上がって今は休んでいます」

「そりゃよかった。今度箱開くんやが人集めてくれんかのう」

　次はのんびり働きたいと思っていたところに鋭角な話が入ってきたが前に踏み出すべく条件などを探ってみる。

「いつ頃からですか？」

「箱はもうあるんでおみゃー次第で開けられるど。給料は他より高くするから頼むのう」

少なくとも緩い話ではないことは感じ取れたが乗りかかった船を進ませる。

「何人くらいの箱にするんですか？」

「とりあえず七、八人集めてほしいんや。できるか？」

「ちょっと聞いてみます」

「込み入った話もあるからとりあえず明日出てこれんか？」

直近で繁華街の箱がいくつか閉まった話を聞いていて人集めには心当たりがあった。


「おう、元気しよったか」

待ち合わせの喫茶店で矢崎に迎えられた。表情豊かで柔らかさの中に強さを持つ川藤とは対照的に据わった目に内包した狂気をまとった矢崎は喫茶店に溶け込んでいる。誘われるまま席につくと間髪入れずウェイトレスがやってきたのでエスプレッソを頼むと矢崎は顔馴染みなのか「ありがとう」と優しく一声掛けた。ウェイトレスは矢崎に一礼し店の奥に消えていった。

「どうや？　ディーラー集まりそうか？」

条件次第で集まりそうだと伝え、込み入った話を聞くべく姿勢を正す。

「箱は大きい箱や。仕事できるディーラー二人は三万、その他の子とウェイトレスは出面二万でどうや？　田村には三万と歩合五パーつけるから好きに分けてくれたらいい」

予想していた通りやはり〝仕事箱〟だったが条件は悪くなく人は集まりそうだと感じた。

「できるだけ口が堅いんがええな。店の場所や動きを知られたくないんや」

仕事箱で働く以上他言無用は当然だが店の場所まで秘密となると少し難しくなる。ディーラーは横の繋がりが強いので「どこで働いているの？」と聞かれ「店の場所は言えない」となると訳ありの箱とバレてしまう。万が一話が漏れた場合、ケツを取られても困るので伏線を張る。

「口の堅いのを揃えることはできますが店の場所が言えないとなると少し難しいかもしれません」

こちらの話を聞きコーヒーを一口飲んでから切り出してくる。

「そしたら空いてる箱一つ押さえとけばええか？　うちの面倒見とるとこで空いている箱あるからそこで働いてることにできんか？」

「それなら大丈夫だと思います」

その条件なら話はしやすいと思い一つ安心する。

「それで店なんじゃがのう。手仕事とメカでやろう思うとるんや。手仕事は仕方なかろうけどや、メカについては田村と後ディーラー一人、三人だけの内密にしたいんよ。どや？　できそうか？」

メカというのは大掛かりな仕組みになっていて、昔あった手本引きの札に鉄を混ぜ上からレントゲンの原理で札を透かして見るというような流れになる。手本引きのX線撮影や初期のパチンコの電波ゴト（ギンギラパラダイスやフルーツパッション）などは電波が強すぎて血液に異常を来たし白血病になる人間も少なくなく、身体的危険が伴う仕事になっていたが進化した方法だとそのようなリスクはない。なぜ二段階にするのかは目の黒い客が多いという理由だけではなさそうだったが言及は避けた。

「はい、わかりました。早速身体空いている人間を探してみたいと思います」

頭の中にディーラーのまとめ役的なポジションにいる二人が思い浮かび目処が立った。

「そしたら探してみて連絡くれや。頼むのう」

矢崎が伝票を手に取り立ち上がったのでそれに続く。喫茶店を歩く矢崎はパッと見、仕事のできる上場企業の会社員に見えなくもないがあくまでも都市迷彩で、眼つきの鋭さは雇われている会社員のそれではない。


「えっ、俺さっきバンコク行きの飛行機取っちゃったよ。すぐに言おうと思ったんだけどまだ寝てると思ってさ。ちょっと休みたいし前に給料で揉めたとこの関係者でしょ。今回はパスで頼むわ」

まずは竜二に声を掛けるも連れない返事が返ってくる。確かに少し休みたくもあり無理強いはできず見送ることにした。気を取り直しまとめ役の女性ディーラーに連絡をする。ある仕事グループのトップの彼女さんだがひょんなことで話が合い、裏で連絡を取り合うようになっていた。業界の酸いも甘いも知り尽くし、女の子にしては珍しく肝の据わったディーラーだった。

「うん、身体空いてるよ。田村君の話で三万って言われたら断れないでしょ。何人集めればいいの?」

二つ返事で良い答えをもらいこちらの状況を伝える。

「俺ら合わせてディーラー八人、ウェイトレス三人でウェイトレスはローテで二人店にいるようにしたいんだよ。それでキチンとチャックできるやつが条件らしいからそこだけはよろしく頼むよ」

それなりに大きい箱ということでウェイトレスは常時二人はほしい。休まれることを考え三人呼ぶことにする。

「了解。ウェイトレス三人は任せて、口の堅い綺麗どころを揃えられると思うよ。ディーラーも男一人女一人は呼べて、合力（バカラでいう配当を付けるサブ）しかできなくていいならもう一人呼べるよ。それでいつから？」

「合力しかできなくてもいいから頼むよ。揃い次第って言ってたから一週間後くらいで考えてくればいいよ。助かるわ、ありがとう」

人を集める件が半分終わりホッとする。ウェイトレスは任せてあと三人のディーラーをどうするか。思案してから横浜生まれの腕利きディーラー太一に連絡することにする。

「太一久しぶり。来週くらいから店任されるんだけど三万でうち来てくれないかな？　あと平の子二人二万で来てほしいんだけど」

「おう、久しぶり。今、ヘルプで働いてるけど三万くれるんならそっち向かうよ。あと二人は二万だとどうかな？　日払い？」

「給料は出面だって。歩合も少しもらえるみたいだから太一にはキチンと渡すよ。どうにかなんないかな？」

太一は店をまとめることが多い立場なので周りからの信頼も厚い。ぜひ来てほしいため歩合の話も透明にすることにする。

「歩合の話、内緒にするつもりだっただろ？　まぁ、いいや。そしたらあと二人連れて向かうよ。決まったら連絡する」

太一からも前向きな答えをもらえて気持ちが軽くなった。

結局、女性ディーラーと太一から折り返しがあり、ウェイトレスは露出高すぎる格好はＮＧという話が出たくらいで希望通りの人材を集める段取りができた。ひと段落した頃竜二から着信が入る。

「どう？　人集め進んでる？　いつから働くの？」

「人集めはどうにかなりそうだな。すぐにでもって話だけどさすがに一週間くらい余裕を持とうと考えてるよ」

「それは良かった。そいえばマシュー覚えてる？　あいつんとこ行こうと思ってるんだけどついてきてくれない？」

マシューはオーストリア人のブラックジャックディーラーで竜二と仲が良かった。前に西麻布のクラブで鉢合わせしたことがあるが、イベントをオーガナイズしているマシューは各方面に顔が広い人当たりのいい外国人だ。

「別に暇してるから付き合う分には構わないよ」

「そしたら車で向かうから待っててよ。三〇分くらいで着くと思う」

待っている間に矢崎の携帯を鳴らす。

「お疲れ様です。人集めの件、来週の水曜目処に顔合わせできそうです」

「おう、田村か、お疲れさん。揃いそうか。来週ってのはもう少し早くならんもんかのう？」

「他の店辞めて来る人間もいるんである程度時間は見てもらいたいです」

「そうか、わかった。じゃあ一八時に店で頼むのう」

承諾し電話を切った。

2

竜二は少しすると見たことのない車でやって来た。

「あれ？　お前の車どうしたの？」

いつも竜二はデカいダッチバンに乗っていて狭い道も器用に走っていたが、今はコンパクトな赤いファミリーカーだ。

「いやー、ネタ取りいくときはあの車じゃない方がいいから親の車借りてきたよ。こっちの方が隠しやすいんだわ」

「なんだ、そういう話かよ。それだったら晩飯は奢れよな」

竜二は了解したのか一度頷くと四つ打ちの音を流し車は走り出す。

「今度の箱誰呼んだの？」

「ともちゃんと太一に声掛けたよ。ともちゃん誘ったのは内緒な」

「誰にも言わないよ。ともちゃん呼んで大丈夫なの？」

竜二もともちゃんが仕事グループのトップの彼女と知っていて、心配した様子だったが頷くだけで関係の説明は避けた。

しばらく走り六本木の麻布警察署の近くの駐車場に車を止めマシューの家に向かう。エントランスで部屋番号を押すと返答がないままオートロックが開き、エレベーターに乗り込む。

以前マシューはカジノで働いていたがネタを捌くうちにそちらの方が主になり、今ではイベントのオーガナイザーの顔を持ち、裏でネタを押すことで生計を立てている。竜二の話によると、何人ものヒッピー達が税関を際どくすり抜け、マシューにモノを流して旅費を稼いでいるということだった。

どうやって国境をすり抜けるのかを聞くと大体大麻樹脂二グラムをサランラップで円柱状に巻き、ライターでラップを炙って密閉し、そのピーナッツ程度の大きさのものを三〇〇から五〇〇グラム相当飲み込んでいるという。一回に一〇〇万円程の稼ぎになり、その方法だと九五パーセント以上の確率で国内に持ち込めることができるという。竜二は間違いない方法だとマシューの話の受け売りをしたが、五パーセント弱の人間が成田で捕まり、長い年月冷や飯を食うことを考えると決して割りのいい話ではない。

「おう、竜二。元気にしてた？　田村も久しぶり」

マシューは愛嬌のある笑みをこぼす。その笑顔を見ると大抵の日本人女性はこういう欧米人には弱いだろうと感じさせる。

「友達来てるけど入って」

中に入ると通路にへばりつくように人が寝ていて少し面食らう。ベッドルームはいくつかあるようで何人かで住んでいるのだろうと思わせる。リビングに入ると数人の欧米人がサッカーの試合を見て盛り上がっており次々とこちらに「Ｈｉ！」と手を上げたので挨拶を返した。マシューはそのまま奥の部屋に入ると手招きをしてくる。中に入るとシンセサイザーがいくつか並ぶ他、マシュマロマンのようなデザインの大きな二対のスピーカーが存在感を放っていた。

「ホワイトウィドーとジャックヘラー、後モロッコのハッシとマナリーのクリームがあるよ」

「ホワイトウィドーを一〇個ちょうだい」

竜二が答えるとマシューはシンセサイザーの一つを動かし、奥にあった引き出しを開けた。真空パックを取り出して竜二に渡す。

「ここ六本木だから帰りはパンツの中に隠してね。三点でいいよ」

金を渡しマシューと握手をすると、竜二は言われた通りパッキングされたモノを股間に押し込んでいた。

3

顔合わせ当日、集合時間より二時間早く矢崎と合流した。テナントビルは驚く程の一等地にあり、元飲み屋の後箱は普通に借りると家賃だけで数百万円はすると思われた。中に入るとまだ飲み屋営業の余韻が残ったままで、更衣室だったと思われる場所には女性物のドレスがたくさんかかっており、従業員スペースにもボトル用の酒が転がっている。ロッカーのいくつかは人が使ったまま手付かずで残っていて、シャネルの化粧品からバッグ、フェラガモの靴もそのままの状態になっている。経営が行き詰まり、突然閉まったのだろうと感じさせた。矢崎はそんな様子に目もくれずにこれからの店の方針を説明し始める。

「田村にはゆーとくけどな。今回の箱はいろんな人間が出入りすることになるからそこは気ーつけてほしい。お前の立場は従業員側のトップだが同じような現場の人間も入るからうまくやってくれ。俺とは地方の箱で知り合ったことにしといてな」

いくつかの注意点を話しカジノ備品を確認するように言われ過不足がないか調べてセッティングする。一通り備品を設置し終わった頃、太一などのディーラーも到着した。定刻には全員が揃い私服のままミーティングを始める。

「今回の箱でトップを張る田村といいます。既に顔見知りの人も多いですが初めての人も力を合わせて店を盛り上げてください」

簡単に一人ずつ自己紹介をし、店の準備に取り掛かる。客の目につく箇所のセッティングが終わった頃、店に設置されたインターホンが鳴った。

「誰か来たみたいだよ。店の関係者かな？」

太一に言われ矢崎に確認を取ると店の関係者と言われ鍵を開けた。

「おー、カジノらしくなって来たな」

いかにもそちらの業界の人間とわかるボスと手下といった感じの四人組はソファーに腰を掛けると満足そうに皆の動きを眺める。

「お飲み物は何かお持ちいたしましょうか？」

ウェイトレスの女の子が気を利かせドリンクを聞く。

「おう、人数分何か飲み物買ってきてやれ」

身体が大きな武闘派風のトップと見られる人間は一万円札を出すと自分の手の者を走らせる。

「少しの間使ってなかったから飲み物関係は新しく用意しておいてくれ」

トップの指示に太一グループのディーラー達はサーバーや水回りの掃除を始める。集まったディーラーもウェイトレスも手馴れた様子で店を作り上げてくれ、改めて太一とともちゃんには感謝した。店の備品で足りないものをまとめたメモを太一から渡され、別フロアにいる矢崎に伺いを立てに向かう。

「田村、ちょうどいいところに来た。こいつが現場トップの田村です」

六〇歳くらいのアクの強そうな男を紹介され頭を下げる。

「田村です。よろしくお願いします。矢崎さん、経費のことでお話があるんですけれどいいですか?」

「おう、そうか。そしたら店のことあるんでまた」

矢崎がそう言うと男は立ち上がり「それじゃ」と言い残し去っていった。

矢崎は男を見送ると告げた。

「今の◯◯の人間で客連れてくる話をしとったんや」

いきなり組織名を出され驚くと先程やって来た四人組も稼業人だと明かした。現場の人間としては知らなくてもいい内容にも思えたがそれらを知った上で立ち回ってほしいという意図にも思え黙って話を聞く。

「あと面倒くさいおっさんが一人おるでのう。来たら教えるわ」

そう言うとパンパンに入った財布から一〇万円を取り出して経費だと渡してきた。

「それだけあったらとりあえず足りるやろ。わしは一旦出てくるから店のこと頼むの」

それぞれの相関図を頭の中で組み上げ理解すると、矢崎はどこかに電話を掛けながら出ていった。


オープン当日、店に向かうと見たことのない黒服が二人挨拶をして来た。キャッシャーには同世代くらいのゴツい若い衆が入っていたが、同じ歳ということで世代の話に花が咲く。特に〝バナナに付いている白い筋を吸うとキマる〟というくだらない話で盛り上がり、ウェイトレスに買い出しの時にバナナを一房買ってこさせ、実際に乾燥させタバコに混ぜてジョイントのように回し吸い、プラシーボ効果をはしゃぎながら楽しんだ。

店はオープンから台が埋まる程客が入り「今日は平（細工なしで普通に場面を進行すること）で撒いてくれ」という言葉通り進行して、誰がサクラで誰が本客かわからないまま盛り上がりを見せた。客引きとどのような話ができているのかはわからないが、プレオープンの盛況振りを見て豪華な店の雰囲気を演出できた好調な出だしといえた。出面をもらい一通り片付けが終わると店に良いお酒が残っていたこともあり、親睦会を兼ねて従業員一同で飲む運びとなった。

「あのママだけど連れてきた人がトイレ行ってる隙に何枚かポケットにチップ仕舞い込んだでしょ。客に気づかれないように裏で三点換金してたのあの客気付いてたよ」

芸能人の息子が来た話、ホスト風の客が大きく負けて女の子に金を無心して喧嘩していた話、それなりの企業のトップが飲み屋の女に連れてこられたが泥酔して寝てしまった話などで盛り上がる。

「おー、お前達楽しそうにやっとるな。今日はお疲れさん」

階段から聞こえた声は以前やってきた四人組のボスで今日は手の者を一人だけ連れている。矢崎によるとこのボスはこの地域の地回りで組長代行の地位にあるということだった。

「折角だから俺も一杯もらうかな。ねーちゃん、俺にも作ってくれや」

綺麗どころのウェイトレスの間に座り水商売の店のように女の子に飲み物を頼む。すっかり場は打ち解けていて大物の登場にも怯むことなく宴は続いた。稼業の人間はあまり人前で飲まないという印象があったがこのボスはどこかで飲んできているようでかなり上機嫌だった。

「俺はこの地域のスーパースターや。お前らオブジェにするぞ」

ディーラーサイドが盛り上がる中、酔いが回った自称スーパースターは同じセリフを壊れたオモチャのように繰り返す。〝オブジェにするぞ〟という言葉が気に入っているらしいが、初めは合わせて笑っていた皆も、そのうちに組長代行を弄り始める。ディーラーは元から稼業の人間の空気感に慣れている上、悪ノリが好きな人種でもあり、今回集まった中にいた二人の関西人は突っ込まずにはいられない性格だった。

「それはもうええっちゅうねん。おもろないで」

酒の勢いもついていたのか、ともちゃんが連れてきた関西勢が一線を越えた。楽しく飲んでいるところを邪魔してほしくない気持ちもわからなくはないが、相手はこの地域を仕切っている人間だ。酒が入っていないお付きの人間はボスを馬鹿にされ、眼つきが鋭く光る。

「すいません。皆酒回ってて申し訳ないです」

組長代行に謝るが気にしていない様子で器の大きさを見せた。

「かっかっかっ、お前ら元気があっていいのう」

関西勢にこちらから強く話す。

「せっかくこの席にいらっしゃってくださってるんだから失礼のないように頼むよ」

この言葉を聞き関西勢を連れてきたともちゃんもこちらの顔を立てるべく、重ねて言った。

「私の顔を潰さないでくれる？　皆で楽しく飲んでるのに空気壊さないで」

まだ代行が来てから三〇分しか経っていないが既にボトルは二本空いており、酔っ払った従業員と代行がいつぶつかるかわからない。矢崎のうまくやってくれという言葉が頭をよぎり、この場をしめることにした。

「そろそろ帰ろうか？」

「なんだ、お前らもう帰るのか」

代行が話すもこちらとお付きの人間の考えは同じようで場はお開きとなった。関西勢は飲み足りない様子だったがともちゃんに制されて静かになっていた。

4

翌日はオープンからGOサインが出た。お披露目会は終わりということで、客に手仕事を入れて負けさせたり勝たせたりコントロールしながらの営業になる。客引きがホストや水商売の女などを案内し、飲み屋のママが怪しげな社長をサービス目的でつれてくる。客の入りは上々で場面にはオープンから多くのチップが飛び交うことになった。

「おう、よう盆が炊けとるな」

これから手仕事が始まるといったタイミングで、派手なシャツに太い喜平のネックレスを身に付けた荒々しい風貌の客が大きな声を上げた。その声で一瞬場面は止まり視線が集まるとそのまま男は椅子に腰掛けた。本客がサクラか見分けがつかずにインカムで矢崎に指示を仰ぐ。

「めんどくさいタイミングで来よったな。こちらサイドの人間やから気にせず場面進めてくれ」

サクラということはわかったが他のサクラが静かに場面に溶け込む中、輩全開の存在感は場を緊迫させ黒服達も張り詰めた雰囲気になった。帯が付いたままの一〇〇万円でチップを買ったので、自然な流れで一〇点サービスをつけることにする。場面で撒いている太一にこちらサイドの人間だとサインを送ると微動だにせず鼻を触り〝了解〟のサインを返してくる。

「プレイヤーだ。誰か受けんかい！」

チップが来るなり男は全てのチップをプレイヤーに張った。男の行動は普通の客ならあり得ないもので一気に場面が凍る。

「うーん、プレイヤーサイドに大きくベット入りました。プレイヤーサイドのベットはお早め、受けてのバンカーサイドないですか？」

悪い空気の中、太一はなるべく場面がしらけない様、通常の呼び込みを行う。黒服達も「いきなりの大きなベットは控えてください」とは言えずに、空白の時が流れた。

「そんなに張ったら皆張れないじゃないのよ」

飲み屋のママはいきなり空気を壊され文句を言うが、ホールにいる人間も同じ気持ちで口には出さないがベットを引いてくれと願う。

「じゃあ運試しで受けるよ。バンカーに張ればいいんだね」

ママが連れてきた身なりのいい社長が全ての駒をバンカーに置いてくれた。いきなりの出来事に細工ができるはずもなく太一は一瞬こちらに視線を向けてきたが〝仕方ない〟と頷いて流れに任せることにする。

「プレイヤーウィン」

お互いがカードをめくり初手でオールインした輩の勝ちだった。この後の流れに皆が注目する中、輩が言葉を放つ。

「よし、今日はついとる。飲み代稼いだわ。おい、これアウト（換金）」

「すみません、お客様。サービスがありますのでツーシュート縛りでお願いします」

サービスを付けているのだからある程度遊んでもらわないと換金できないと黒服が説明する。

「なにゆーとるんや。お前らが勝手にサービスつけたんやろ。そんなならこんなサービスは要らんから二〇万引いたチップはよ金に換えい」

黒服が静かに詰め寄るも輩は凶暴性を前面に押し出す。今にも暴れそうな輩だが店側としても場面を荒らし、ルールを守らない人間を許すわけにはいかない。黒服達と輩が一触即発の状態になった時、奥から出てきたキャッシャーが分厚い封筒を渡した。

「こちらがアウト分になります」

「おー、悪いな。お疲れさん」

輩は奪うように封筒を取ると中身を軽く確認し、手元にあったドリンクを飲み干してから悠然と店を後にした。

「ちょっとあんなお客さんいたら楽しく遊べないじゃない」

社長を連れてきたママは黒服に詰め寄り、黒服は頭を下げどうにか場面は沈静化する。インカムが入り矢崎から上へ来るように指示を受けた。

「田村、悪いな。さっきのうちの嫁さんの兄貴で義理の兄さんなんやけどな。どこ行ってもかましてしまうんよ。西の方で◯◯んとこ人間なんよ。次からは溶かしちゃってええぞ」

矢崎からすると組織またぎの兄貴分ということだった。既に聞いただけで矢崎を含め四組織の人間が関わっていることになり、先を考えると気が重くなる。

「ほんなら田村、今日はもう兄貴こんと思うからよろしく頼むな」

フロアは緊迫感に溢れていたのとは対照的に矢崎は落ち着き払っている。

フロアに戻ると新しい客も何名か来ていてテーブルには多くのチップが乗っていた。特にホスト達は目の前でサクッと勝って帰った輩を見たからなのか、張り駒は大きくなり常に一〇点以上のチップを張り続けている。太一はスイッチが入ったようでこちらを見て得意げな表情を浮かべた。

次第に熱を帯びる場面の中、ホストの一人はチップがなくなり、どこかに電話を掛け金の無心をしている。しばらく話したが相手に断られたのか、連れてきた客引きに頼んで更に一〇〇点を買い上げる。結局ホスト達は取り戻すことはできず、二〇人くらいの客から一〇〇〇万円近くの大きな利益を上げた。

5

オープンから順調な営業が続き、一週間経った頃その客は訪れた。ある若い客引きが四〇歳過ぎのスーツ姿の客を案内したタイミングでともちゃんに耳打ちされた。

「田村君、今来たあの客Mだよ」

Mとはマジシャンの隠語であり、カジノ専門のマジシャンの噂は聞いたことがあった。テレビなどで見るマジシャンは万能に見えるがあくまで演出によるものであって、海外のカジノなどでは通用しない。念のため、ともちゃんから聞いた話を矢崎に伝える。

「今来た客、マジシャンらしいんですけど断りますか？」

「何ゆうとんじゃ、マジシャンなら泳がせて捕まえればええやないか。そいつはどんな仕込みしとるんや？」

矢崎に言われ、ともちゃんにどのような手口のマジシャンか聞く。

「あいつねー。スーツの中にマジックハンドみたいな金属の器具隠しててね。それが袖口から伸びてカード変えるんだよ」

身体に器具を背負っていることを伝えると矢崎は一言「そりゃ美味しいのう」と話し注意深く監

視するように言われた。直視せずに視野の端の方に男と客引きを置いていると、客引きは何やら緊張している様子だった。それに対して二〇点の買い上げをしたマジシャンは落ち着いた様子で呼吸を整えている。矢崎から伝達がいったのかキャッシャーも奥から出てきて耳打ちをした。

「田村君、あいつの手口わかってるの?」

遠足にいく子供のような嬉々とした笑顔でマジシャンの動向が気になって仕方ない様子だ。

「身体に器具を仕込んでカードすり替えるらしいです」

手口を伝えるとキャッシャーはマジシャンを興味深く眺めている。

「あんまり直接見ないでください。こっちが気にしてると動き出さないと思うんで」

状況を知らないウェイトレスがドリンクを聞きに向かうと、マジシャンは動じなかったが客引きはビクンと反応した。注意していないと気付かない動作だったが、それを見て〝これはやるぞ〟と確信した。キャッシャーは空気を読んだのか少しすると奥に戻り、そのタイミングで矢崎からインカムで指示が飛んできた。

「田村も場面見ないで引っ込んどいてくれ。奥からバレんようにタイミングわかったら教えてくれ」

ディーラーとマジシャンのベットだけが見え、マジシャンからは死角になる場所に立って隙を作る。余程警戒しているのかマジシャンは小さく張りカードを絞ろうとしない。バカラはプレイヤー・バンカーそれぞれで一番ベット額が大きい客にカードが配られ、代表してカードを見る。小さくベットをしている限りカードが回ってくることはなくすり替えることもできない。一時間程小さいベットが続き、もしかしたら警戒して動き出さないかなと思ったタイミングでマジシャンが大きいベットをバンカーに張った。いよいよやるかと考えた時、ともちゃんがこちらにやって来た。ともちゃんと目が合った瞬間小さく頷くと察したのかともちゃんはその場で自然に立ち止まり遠くを見るように視線から気配を消した。

「マジシャンが大きく張りました」

矢崎に状況を伝える。

「おう、こっちからもカメラで見えとるわ。動くとしたら今やな」

プレイヤーのカードが配られ絞ったカードが太一に飛んでいくのが見えた。太一はカードを拾いプレイヤーの場所に収めバンカーにカードを送る。ここからは見えないがマジシャンに確かにカードが渡った。息を呑む中、太一はマジシャンから投げられたカードを見ると一瞬固まった。太一は渡したはずではないカードが出てきて驚いた様子でこちらに目をやった。その状況を確認してフロアに出ると両脇から黒服がマジシャンに話しかけている。

「すみませんお客様。一旦こちらによろしいですか?」

あくまでも優しい口調だったが両サイドを固め、有無を言わさない二人の動きには無駄がない。マジシャンを連れてきた客引きは何かを言おうと口を動かしていたが言葉が出ることはなく、マジシャンは往生したのか目から生気は消え、ごねることなく黒服二人に連れられて下の階へ消えていった。

矢崎の話だと客引きは店の内情を知らないのかもしれない。客引きは頭を抱え現状が飲み込めずシラを切るかどうか迷っているようにも見えた。少しすると見たことのない脂ぎった男がやってきて、若い客引きに言った。

「おい、ちょっとお前も来てくれるか」

客引きも連行されていった。

「今、マジシャンと客引きが連れていかれました」

客に聞こえない声の大きさで矢崎に伝える。他の客は何事かとこちらに目をやるが、表情を変えずにいるとまたゲームに戻った。そして矢崎からの応答はなかった。そのタイミングで黒服の一人が業務に戻るべく階段を上ってきた。

「あの客どうなりました?」

いつになく鋭い眼に変わった黒服は満足気な顔で語りかけてくる。

「田村君の言った通りにあいつ身体に機械背負ってやがった。身体に仕込んだカードも出てきてすぐに白状したからいま詰めてるとこ。こっちはいいから田村君、見てきていいよ」

好奇心も手伝い階段を下りていくと下着姿で正座させられているマジシャンが見え、その横には呆然と客引きが立ち竦んでいる。周りには五人の男達が無言で立っており、その中に冷えた眼をした矢崎が見えた。話はひと段落したのか会話のない一団の横には仕込んでいたであろう身体に巻くタイプの金属器具が転がっている。

「じゃあ足りない分は働いて返してもらうからな」

矢崎がマジシャンに話すとマジシャンは言葉を返すこともできずただ頷いていた。少しの間見入るがそんな現場に入ることはできず結局フロアに戻ることにした。三〇分程経つと矢崎からインカムが入る。

「さっきのマジシャンうちで動かそうと思うんやけどどこか目の緩い箱ないか？」

マジシャンは今回の件でいくら詰めたかわからなかったがこちらにとってあまりプラスになる話ではなく、下手打ちのマジシャンに関わりたくないと思った。

「すみません。すぐには思い浮かばないです」

中途半端に首を突っ込むことはせず、やんわりとはぐらかした。

「ほうか、なら仕方ないのう。お前にも金になるようにするから調べといてくれ」

矢崎に言われ「周りに聞いてみます」とだけ答えると矢崎が続けた。

「田村、今日店が終わったら話があるで残っておいてくれ」

6

閉店後、矢崎から封筒を渡された。

「田村、今週もご苦労さん。これ歩合やから確認してくれな」

帯つきの一〇〇万円と五〇万円程が入っているのを確認し懐に収める。

「それでなんやけどな。来週一日休みいうことにしてわしらで一人の客殺したいんでセッティング頼むのう」

矢崎の話によると太い客がいるのだが普通に呼ぶと取り分が減るため、休みということにして店を動かし独占したいとのことだった。てっきりマジシャン関連の話だと思っていたがわざわざ絵を描いてまでやっつけたい客というのも気になる。

「その客そんなに太いんですか？」

「おう、ええ客やぞ。不動産屋の社長でなぁ。地上げでようけ儲けとって賭け事も好きなおっちゃんや。今回は段取り組むの苦労したで。ある程度目が肥えているとは聞いてるからメカでやりよう思うからお前は一割でええか？」

取り分に異論はないが店休の絵の中、動くのはリスクが高く軽く探りを入れる。

「はい、ありがとうございます。ディーラーとウェイトレスは何人くらい段取ります？」

「そうやのう、お前は裏方やってもらうからディーラーは四人でウェイトレスは二人いればええかのう。太一にだけ今回のこと話して他に来る人間にはお前も休みってことにしといてくれな」

店休について店の関係者がどう思うかわからないがボスと言われる組長代行にバレないよう細心の注意が必要になる。矢崎の頭にある段取りは理解できたが、どのようなパワーバランスになっているかは聞けないためリスクの度合いがいまいち掴めない。リスクがわからない以上、最悪のケースを考えて動かなくてはいけない。

「もし、従業員が店の関係者に会って聞かれた場合なんて答えればいいですか？」

野暮とは思うがどのようなパワーバランスなのか探るべく質問をぶつけてみる。

「田村、そんなレベルのへまは勘弁してな。そんなん忘れ物を取りにきたとか言うしかないやろ。従業員は事前にどこかに集まって指示したタイミングで店に入るようゆーてくれや」

「わかりました。うまくやるように言います」

警戒レベルはやはりかなり高いが、従業員は出入りだけ気を付ければ店に踏み込まれたとしても矢崎が対応するだろう。矢崎がそれなりのリスクを冒すには相応の理由があるはずだ。


当日、いつもの出勤時間より二時間早く店に入った。駅を降りてから注意を払いながら向かう道のりはいつもより長く感じ、幸いにも大学生のグループに混じるようにして店まで歩くことができた。既に矢崎は来ていて休憩室の奥にある一畳程の分電盤がある倉庫を見せられる。一畳程のスペースにはコンクリの上に毛布が引かれてありいくつかのモニターが置いてあった。

「どうや、この部屋に籠ってもらう。皆がくる前に居心地良いよう好きにやったらええ」

部屋というには分電盤のある倉庫は埃っぽく、おしぼりで三〇分程かけ全体を水拭きしてどうにか耐えられそうな状態になった。今日一日が終わるまでここから出られそうにないと思い無理やりトイレで用を足す。最悪一二時間程いることを考えると水分や食べ物を取らずに過ごした方がよさそうだ。

「太一が来たらお前と三人で話せるインカムでしか連絡は取れんようになるからよろしく頼むど」

早めに言ってくれればもう少し準備ができたと考えるも今日一日の仕事だと割り切り考えを飲み込む。矢崎が用意した災害用ランタンラジオを灯して一旦ドアを閉めてみる。狭い空間は空気も少なく感じラジオを付けるとジャズが流れ幾分落ち着いた。その時、太一から携帯が鳴った。

「待ち合わせの場所に皆集まって離れて電話掛けてる。三〇分位早く着きそうだけどそっちの段取りはどう?」

よりにもよって三〇分早く着くとはそれだけ長く籠らなくてはいけなくなる。けれどもそんな我儘は言っていられないと気持ちを切り替える。

「こっちはインカムだけテストすれば大丈夫かな。詳しくは矢崎さんに連絡して指示もらってよ」

「了解。じゃあ向かうね」

インカムのテストを済ませ倉庫に籠ろうとすると矢崎にバケツ一杯の氷とビニール袋とトイレットペーパーを渡された。

「中で用便する時はビニールに済ませて氷に浸けとけば匂わんから。この部屋で匂いが充満したらきつかろう」

手慣れた用意に矢崎は過去にもこのような場面があったのかもしれないと感じさせる。そのまま倉庫に入るとドアの前に使用済みおしぼりのカゴや炭酸用二酸化炭素のボンベが置かれる音が聞こえる。音が止まるとインカムが鳴った。

「どうや？　外から見て中にいる気配はない感じや。携帯の音とラジオの音だけには気を付けてな」

「はい、問題ありません。携帯もマナーモードにしました。ラジオの音は気を付けます」

インカムが途切れると一気に静かになり、何も聞こえない空間をインターネットカフェにいると思い込むことにする。目の前には、インカム用、フロアの音を拾うもの、ラジオの三つのイヤホンがあり、インカムとフロアのイヤホンをそれぞれ片耳に押し込む。

程なくして太一達従業員が出勤してきてホールに人の声が響いた。隠れているからなのか後ろめたい気持ちがこみ上げてくる。

「おはようございます。多分誰にも見られないで出勤できたと思います」

「おー、お疲れさん。もう少ししたら座りも来るから準備したってや」

「わかりました」

静かだった店内には有線が掛かり店のオープン準備が始まった。それぞれが準備に取り掛かる中、倉庫の近くでウェイトレスが休憩を始め、有線が掛かっていても気持ちは落ち着かない。

「おー、たむ。もう準備できてるの？」

太一の声が出てインカムから聞こえる。

「ちょっと近くにウェイトレスいるからあんまり話せない」

「あそこにいるのか。わかったよ。俺もそっち行ってみるね」

インカムが切れたので静かに待機する。

「お疲れー。今日は人少ないから上で休憩してもらえるかな?」

ドアのすぐ近くで太一の声が聞こえた。

「はい、わかりました。今日は田村さん休みなんですか?」

「あいつ今日は知り合いの箱にヘルプ行ってる。今日は人数少なくて大変かもしれないけどよろしくね」

太一がウェイトレスに話し掛けるとウェイトレスが荷物を持って部屋を出るのがわかった。

「たむ、俺以外誰もいないから普通の声で喋ってみて」

インカムから太一の声が聞こえたので普通の声で話してみることにする。

「テステス、太一俺の声漏れてない?」

「うーん、普通に話すと少し漏れるな。念のため、有線のボリューム少しあげておくわ」

フロアに流れる有線の音が少し大きくなり、ある程度なら音が漏れなくなったと少し気持ちが軽くなる。

「田村も太一も気を付けてな。今来たのが今日の座りで指示送るから太一は一回場面に向かってくれな」

矢崎の段取りは大体形になった。

7

店がオープンして二時間くらい経った時、現場が慌ただしくなるのがホールのマイクからわかった。店には座りが三人来ていたがスタンバイしていただけで場面は動いていなかった。

「どうにか客引きが引っ張ってきたみたいや。よろしく頼むで」

インカムから矢崎の声が聞こえ店が動き始める。噂の不動産屋の社長は来るなり二〇〇万円を買い上げ太い客の予感をさせた。シャッフルが終わると二〇点をバンカーに張りあっさりとナチュラルエイトで勝利する。

「ワンシュートで帰らないと思うからはじめは遊ばせてな」

インカムで矢崎から指示が飛びゆっくりと場面は進行する。座りは社長に合わせて一〇点から二〇点のベットを張り、場面にチップが溢れる。

「今日はバランス二〇じゃなく五〇にしてくれ」

矢崎の指示と同時に一人の座りが太一に声を掛ける。

「ちょっとベットが入らないからバランス上げてよ」

太一の耳にも入っているはずだが太一は素知らぬ顔で対応する。

「わかりました。ちょっと上に聞いてみます」

ホールに太一の声が響いたが、インカムの矢崎は無言のまま太一が続ける。

「上からオッケーのサインが出ました。バランス二〇点から五〇に上げます」

完全なる芝居だが特に怪しまれることなく場面は進行している。

「今、客引きから連絡が入って今日社長は一五〇〇持ってるらしいから一日掛けてうまく溶かすように頼むわ」

矢崎の情報を聞いて全部溶かすと一五〇もらえる計算になると倉庫の中で心が躍った。ワンシュート目が終わりいよいよ長い一日が始まった。この時点で三〇〇程浮いていた社長の声がシャッフル中に声が聞こえる。

「この前マカオで二〇〇〇負けたからここで取り返さないとな」

座りはそれに合わせいかに自分が太い客だと思わせるような会話を乗せ、社長をうまく煽っていく。そんなタイミングで矢崎が珍しく動揺した声を上げた。

「兄貴が来よった。返すわけにもいかんしわいが開けてくるわ」

太一が場面に入ってる以上、今日対応できる黒服は足りておらず一抹の不安が過ぎった。

「なんや今日は人少ないな。まぁええ、とりあえず一〇〇くれや」

オープン直後にオールインした時のように、フロアに上がってくると輩は自分が主人公のような振る舞いで腰掛けた。人が少ないという言葉は客ではなく従業員や関係者のことを指している。そのことで今日のホールに罠が張られていることを社長に感付かれてしまうのではないかと気を揉んだが、社長は客が少ないという意味にとらえたのか、特に気にする素振りを見せなかった。

シャッフルが終わると社長がカットをし場面が始まった。ひと張り目、輩がどのような立ち振る舞いをするか息を呑んで見守ると、プレイヤーに一〇点だけ静かにベットした。

「二〇〇〇まで届くかな」

社長はそう言いながらバンカーに五〇点を置きサクラはそれぞれ細かいベットをプレイヤーに乗せた。社長対その他という構図はうまい形ではなかったけれど、輩がかまさないことの方が重要で息を呑む中、場面は進行し社長が勝利した。

「よっし、次はプレイヤーに行くかな」

そう言いながら輩はプレイヤーに五〇点チップを張る。

「口切りはプレイヤーサイド、プレイヤーサイドのベットはお早め。受けてのバンカーサイドないですか?」

太一の呼び込む声が響き、座りは逆のバンカーに合わせて三〇点のベットを張る。それを見て社長はプレイヤーに三〇点のベットを張った。

「現状プレイヤー人気でバランス内、受けてのバンカーサイドなければこちらで一番。ノーモアベット」

カードが配られプレイヤーは二から四を引いてスタンディングシックス、バンカーはピクチャーからスリーサイドを一つ付けスタンディングセブン。

「プレイヤーシックス、バンカーセブン。セブンシックスバンカーウィン」

輩と社長のチップは回収され、座りには配当が付けられる。配当を付けている最中に輩の声が聞こえる。

「なんだよ、ついてねぇなあ。次もプレイヤーで全部行ったれ」

輩の劇場型な演技にインカムから矢崎の舌打ちが聞こえる。

「太一、どうにかバンカー勝たせることはできんかのう。これで帰ってもらわないとわしは胃がいとーなるわい。できるんなら耳触ってくれ」

まだ場面は始まったばかりで太一の方も準備ができていない様子で太一は耳を触らない。そんな中、輩は六〇点のチップをプレイヤーに張り、社長を含め残り全員がバンカーにベットした。

バランスはでききカードが配られプレイヤーのフェイスカードは九、バンカーは二、固唾を呑み輩にカードが配られ絞る。

「かーっ、ついてねぇや。縦か」

輩が投げたのは縦の二のカードでフェイスカードと合わせて一になった。続いてバンカーにカードが配られ社長が縦に絞ると足がついたのかカードをゆっくりと横に向けてじっくり絞り始める。一旦手が止まり今度は斜めにカードを絞っていく。スリーサイドの動きだ。片方ずつ絞った後、社長はカードを放った。

「プレイヤーワン、バンカーナチュラルナイン。ナインワンバンカーウィン」

放ったカードは七。ナチュラルナインで社長が張っているバンカーが勝った。

「なんだ、つまんねえの。ついてねぇや」

そう言い放った輩はウェイトレスを呼びつけ何やら注文する。カウンターに向かったウェイトレスはユンケルにストローを挿して輩のドリンクホルダーに入れた。

「兄貴今日酔うとるでな。これで帰ってくれるとええんやけど」

矢崎の祈るような思いが通じたのかユンケルを一気に飲み干した輩は席を立ち、上着を羽織って店を後にした。


輩が帰ると再び場面は熱を帯びていき、張り駒を溶かした社長は更に二〇〇を買い足した。矢崎の指示でゆっくり時間を使い溶かしていく方針で、目の前の数字よりも自然な雰囲気に重きが置かれる。倉庫部屋は相変わらず埃っぽく、休憩中のウェイトレスの声が直接聞こえてくる。

「この前太一さんとやっちゃってさ。もしかしたらナマで出されたかもしんない」

生々しい会話が耳に入り落ち着かないが場面に集中する。

「そろそろエンジン掛けて溶かそうや。次のシュートからガンガン行ってええで」

三時間程遊ばせた後、矢崎の号令でペースを上げ、座り達は大きく勝ち上がっては退店し、次の座りに入れ替わる。夜も深まった頃には社長は一〇〇〇万円の負けに到達していた。

「もう少しバランスあげられないかな」

熱くなってきた社長がバランスアップを頼む言葉がホールのマイクから聞こえてくる。インカムから太一と矢崎のやりとりが聞こえバランスアップを受け入れバランスは一〇〇に上げられた。

「うちの若い衆と言って金貸しが来るけ、ボタ（賭場から貸す貸付）出るまで頑張ろうや」

一五〇〇を超えても店側からボタを出す流れに気合いが入る。しばらくすると新しい客と思いきや矢崎が客の振りをしてホールに現れ、一〇〇点分チップを買った。社長のベットは勢いが付きひと張り五〇程になり矢崎は社長の張りに乗る。三回連続して社長のベットが外れたところで社長の手が止まった。何回か様子を見るのかと思うも一〇番場面が進んでも社長は動かない。

「社長、今日は手止めですか？」

矢崎がさりげない様子で社長に語りかける。

「いやー、負けが込んできたから様子見ですわ」

それなりに目が肥えていると言われていた社長の軽い反応にひとまず安心する。社長は過去の罫線（出目表）を何度も見返し首を捻っていて、社長不参加のまま場面は進行しシュートは終わり再び矢崎が声を掛けた。

「社長はいつもどこらへんで打ちよるんですか？」

和やかな雰囲気にするため、距離感を測る会話が続く。

「いつもは大体韓国かマカオに行ってるからあんまり日本じゃ打たないね」

矢崎の口切りに社長も乗ってシャッフル中は二人の会話が続き、そんな中、倉庫の外から男の声が聞こえた。

「あっ、いいから、いいから。社長のドリンクでしょ？　俺が持っていくから置いといて」

すぐ外で誰かがウェイトレスと話している。この声の感じは社長の客引きだと思いモニターでホールを確認するとやはり客引きの姿はない。

「そうそう、あいつはもう出てきたの？」

もう一人の声が聞こえ、社長の客引きが誰かと話しているようだ。モニターを確認すると金貸しの若い衆も見当たらないのでその二人の会話だと思われた。

「あいつは後一年は入ってるんじゃないかな。今日は社長引っ張ってくるの大変だったわ。経費掛かってるからもうちょっと走ってもらわないと割りに合わないよな」

こちらが倉庫にいることはわかっていないのだろうか？　盗み聞きしているようになってしまったがこちらから居場所を知らせては絵が悪い。

「俺ももっと大きいヤマだと思って話聞いて飛んできたんだけどな。どうするよ」

「いいから盛っちゃいましょうよ。どうせ社長好き者だし独り身だからバレやしないし景気付けに」

何の話をしているのかいまいち理解できないが二人が小さく引き笑いしている声が聞こえた。盛る？　飲み物のことだろうか？　ホールでは矢崎と社長がゴルフの話題で盛り上がっている。しばらく間が空いたのち足音が遠退きモニターを見ると客引きは社長のドリンクを席に置いた。モニターの解像度でははっきりとは確認できないがグラスにオレンジっぽい色をした液体が入っていてストローが挿してある。

「それで結局ボギー叩いておかしくなって握っとった分全部パーですわ。ほんま笑かしよるやつでした」

　再びホールのマイクに耳を傾けると矢崎と社長はまだゴルフの話をしている。

「シャッフル終了しました。どなたかカットお願いします」

　シャッフルが終わった太一はカットカードを挿してもらうべく声を掛ける。

「社長、ここはひとつお願いしますよ」

　ゴルフの話のノリのまま矢崎は社長をカットに誘導する。ほぐれた社長はカットカードを取ると
「えいっ」という掛け声と共にカードを挿し込んだ。先程の会話で社長の飲み物が気になったが見たところ減った様子はない。そのままゲームは始まり手が止まっていた社長は小さくプレイヤーにベットした。それから数ゲームして社長がドリンクに手をつけるのが見えた。

「社長、次はバンカーだと思うんやけど乗りません？」

　矢崎の呼びかけに社長は乗り、共に同じバンカーに入れる。結果バンカーが勝ち流れがきたと思ったのか社長は元のように張りが大きくなる。

「社長を乗らせるためにこのシュートは遊ばせてくれや。無理に溶かさんでええよ」

　インカムの声に驚くとモニターに矢崎の姿が見えない。席を立ってトイレなどから指示を出しているのだろう。場面に入っていた太一は矢崎の指示通り平で流れを作る。社長はスイッチが入ったのか今までの負けを取り戻すべくベット額が大きくなる。そのままそのシュートは場面が炊けて終わり大きく張った社長は一二〇〇から七〇〇負けまで取り戻していった。

8

その次のシュートに入る前にマナーモードにしていた携帯が鳴る。電源を落とそうかと思い見てみると太一からの着信だった。ホールのモニターを見ると合力がシャッフルをしている。

「お疲れ、今日何時くらいまでやるか聞いてる？　皆朝までだと思ってたけど終わる様子なくね？」

「うーん、朝までだと思うけど社長次第じゃない？　むしろこれからって感じもするよな」

太一はしんどい場面で撒き続け疲弊しているのが電話口からわかった。先程の社長のドリンクの件はあえて言わない方がよさそうだと感じた。

「とりあえず長丁場になるけど歩合のために頑張ろうぜ」

「おう、わかったよ。田村もしんどいだろうけど行くとこまで行くとするか」

その後、平で流しているから勝ち上がられてはとヒヤヒヤしたが社長は気合いとは裏腹にチップを減らしていった。

勢いのついた社長を溶かすべく太一がテーブルに戻った。今のメーターは一一〇〇、社長の包囲網が敷かれた決戦が始まる。口切りから社長は一〇〇点のベットを張ってきて矢崎も座りもベットが大きくなってくる。スイッチが入った社長は現金分の最後の二〇〇を一気に張って溶けた。ここでボタで張り始めるかどうかに一同が息を呑んだ。外れてしばし宙を仰いだ社長は金貸しに言った。

「一本、回してくれ」

一〇〇〇万円の無心だ。一線を越えて矢崎も座りも一気に熱を帯び始める。

「どう考えても次はバンカーやろ勝負行っちゃろかい」

矢崎は一〇〇点のベットをプレイヤーに張り、座りも五〇点近くを各々のサイドにベットする。冷静にモニター越しに見ると始めは三～五点しか張っていなかった座りが一〇倍近く張っているのには違和感を覚えるが渦中の社長は熱くなっていて気付かないのだろう。

「社長、もう少し張りたいんならわし引いてもいいですよ」

矢崎の優しさに見えて奈落に落とす言葉に社長は更に五〇点のベットを乗せる。

「社長の本気ベットは怖いけ様子見やな」

配られたカードを絞ると絵にならず社長はカードをビリビリに引き裂いた。太一は破かれたカードを集めて淡々と場面を進める。太一は二回当てては三回外すくらいのうまい流れを作り、社長のここいちのビッグベットはことごとく外れシュート中盤には更に二回目の一〇〇〇万円の無心が出た。

「ちょいとわしゃトイレ行ってくる」

ホールの集音マイクから矢崎の声が聞こえ、少ししてインカムから声が聞こえる。

「もう漫画になっちょるから太一と合力だけ残して皆上がらせてええ」

ついに仕掛けは最終段階に入った。組織の力も利用し地上げで財を築いてきたギャンブル狂いの社長対手段を選ばない魑魅魍魎の宴が始まる。

社長は勢いが付いたまま一〇〇点のベットを張り、座りはチップを増やし過ぎないように調節しながら場面を進める。シューターも終盤になると張るチップは通常の一点チップから一枚一〇点のゴールドチップになり、更に社長はそれに一枚一〇〇点のプレートを交え始めた。コミッションチップ（バンカーが勝った際の五パーセントの寺銭用チップ）を除くと場面から通常チップは消え、続々とチップはハウスのチップケースに収まっていく。シュートのラスト一番、遂に社長は声を上げる。

「バンカー上でオープン」

社長が口にしたオープンという言葉は、プレイヤーに張る全てのベットを受けて、更にバランス分の一〇〇点をプラスした数字がベット額になるという意味だ。極端に言えば「それならプレイヤー五〇〇張るよ」と一人が受ければ社長のベットは自動的に六〇〇点になる計算で、いくらでも受ける青天井のベットになる。

皆がその言葉に一瞬固まりモニター越しに矢崎を見ると、社長の隙を突いて一人の座りに耳打ちし、素知らぬ顔で五〇点をバンカーに置いた。

「わしは社長の勝負ベットに付いていくことにしたわ」

矢崎はあくまで社長寄りのスタンスで場面を進め、それを見た太一は止まった空気を打ち破るように呼び込みを始める。

「バンカーサイドにオープンベット入りました。バンカーサイドお後なければこちらでクローズします。受けてのプレイヤーサイド、お気持ちからでもないですか？」

矢崎を除く三人の座りの中、二人はプレイヤーに五〇点ずつベットを張った。現状だとプレイヤーベット一〇〇点でバンカーには矢崎が五〇点張っているので社長のベットは自動的に一五〇点になる。それでも十分なベットサイズだが矢崎が耳打ちした座りは太一にゆっくりとした口調で話しかける。

「俺今、手元に七〇〇あるんだけどこれ全部プレイヤーに入れちゃってもいいの？」

「はい、バンカーサイドからオープンベットが入っているので七〇〇点入ります」

太一は淡々とした語り口でゆっくりと返す。

「社長、本当に受けるの？　こっちとしては出せるけどいいんだね？」

社長の手元には二〇〇しかチップはなく金貸しは社長に今一度確認する。

「にいちゃんが受けてくれるんなら貸してくれよ。ここいちの勝負くらいさせてくれてもいいだろ」

「いくらいるんだい？　また一〇〇〇でいいのか？」

金貸しの言葉に社長は目を合わせず場面を睨んだまま頷く。

「プレイヤーサイドに八〇〇点いただきました。ベットの上げ下げ変更なければプレイヤーサイドもクローズします」

来た時は三点、五点のベットを張っていた座りが合計八〇〇点のチップを張る。決して綺麗な絵ではないがこの場ではそれがまかり通っている。倉庫の中からは只ならぬ異様な光景を眺めるしかなかった。

「そうしましたらプレイヤーサイドに八〇〇点いただきましたので八五〇点のベットよろしいです

か？」

太一は声色を変えずそう場面を捌くと社長は一〇〇点のプレートを八枚、一〇点のゴールドチップを五枚バンカーに乗せた。

「バンカー人気でバランス一杯、それではこちらで一番参ります。ノーモアベット」

ベットが揃うとまずはカードが二枚出される。プレイヤーカードは四、バンカーのカードはピクチャー。

「お先フォーからプレイヤーカード」

八〇〇点オールインした座りにカードが渡る。ここ一番のベットに座り直し背筋を伸ばしカードを絞り始める。いつになく一〇秒くらい掛け縦からじっくり絞る。

「なんだよ。絵にならねえ」

放り投げたカードはピクチャー。プレイヤーの数字は変わらず四のまま勝負は一先ずバンカーのカードに託される。

「プレイヤーフォー、バンカーサイドナッスィングからです」

投げられたカードを拾いプレイヤーに収めると次はバンカーカードが社長の元に送られる。カードを受け取った社長も張った金額の分ゆっくりとカードを絞る。縦から絞ったカードは足がついたのか横に向かい一旦呼吸を整えた。再びカードを横から絞ると斜めに絞り始め、続けて逆の斜めを絞ると無言でカードを投げた。

「バンカーシックス、プレイヤーフォーから条件入ります」

社長が絞ったカードは六、再び座りにシューターから一枚カードが配られる。六点条件、六、七以外のカードが出ればバンカーはカードを引くことなく勝負は決まる。座りは縦から絞り始めると身体がビクンと反応する。

「社長、悪いけど縦を引いたよ。これだけ張って負けがないのは痺れるね」

そう社長に向けて放ち、再びカードをゆっくりと絞り太一に向けてカードを投げた。現れた数字は三、条件決まりでプレイヤーが勝利した。耳打ちされた座りの元に一四〇〇点のチップが渡りシューターは終了し、社長の手元には三五〇点のチップが持てあましたように残っている。キャッシュ一五〇〇万円とボタが三〇〇〇万円出ているので現状で四〇〇〇万円と少しの負けになり、社長は鈍い視線を何を見るわけでもなく宙に投げ出していた。


シャッフルの最中、社長はもう打ち止めかと思っていたところに、矢崎側の人間で初日に顔を合わせたアクの強い六〇歳くらいの男が現れた。矢崎は相変わらず場面で太一のシャッフルを見ており情報が入ってこない。そんな中、勝ち上がった座りが声を上げる。

「俺はもう十分だからこれアウトして」

その言葉を聞くと手元にある一四〇〇点のチップをアクの強い男がカウントし、その場でわざと二〇〇〇万円の現金を取り出して、その中から一四〇〇万円を支払う。どうやら男はキャッシャー役として現れたようで、支払った後も社長の目に入るように三〇〇〇万円程の現金を出して数え直しバッグに仕舞う。一四〇〇万円を手にした座りは無造作にバッグに現金を仕舞い込むと席を立った。

「今日はいい博打打てた。今日のところは勝ち逃げさせてもらうよ」

そう残すと店を去った。

残った座りは二人と矢崎。既に外は明るくなって来ている時間だが新しく男が来たことによりまだこの先も続くと感じられた。何よりじっと固まっている社長は引くに引けなくなっていて帰る様子はない。地上げで恐れられていると聞いていた風格のある社長は小さくなり惰性に流されて逃げ場を失った草食動物のように映る。

次のシュート、その次のシュートも社長は勝ち上がることはできず、道中浮き沈みはあれど張るチップは常に二、三〇〇点となり、座りも一〇〇点単位のベットをして数え切れない程の貸し付けが行われ、その度にチップはチップケースと座りにどんどん流れていく。

昼になる頃に社長は最後に一〇〇〇点のベットを張り遂に音を上げ、その場から動かなくなった。社長不在のまま空中戦は続きシュートが終わると一人、また一人と帰り、キャッシャーと矢崎、金貸しを残すのみとなった。

「社長、店はもう閉まるみたいだからわしは先に帰らせてもらいます。ええですか？」

矢崎が社長に話しかけるも返事はなく、矢崎は一呼吸置きゆっくりと帰り支度をすると場面を後にした。社長はその場に屈んだまま動かず、少しするとキャッシャー役に促され視線も定まらぬ抜け殻となり店を出ていった。

「田村、今出してやるから待っててな」

社長が出て行くと太一からインカムが入り、倉庫のドアが開いた。ずっと同じ姿勢で座っていたため、すぐに出ていけず関節をほぐし、やっとの思いで立ち上がる。

「お前こんなとこ入ってたのか、撒いてる時は楽しやがってって思ってたけどお前も大変だったんだな」

太一は疲れた様子ながらも持ち前の明るさは失わずに笑った。ずっと喉が渇いていて、冷蔵庫からウィルキンソンのトニックウォーターを取り出し喉を潤わせる。

「そういえば田村、結局いくらいったか知ってる？」

「いや、五〇〇〇万超えたところまでは数えてたけど正確にはわからないな」

乾き切った喉に炭酸の刺激が心地いい。そういえば場面に気を取られていて数字は二の次になっていた。途中から場面に現金は出ておらずチップのやり取りで感覚が鈍ったのだろう。渦中の社長も同じような感覚だったのだと確信めいた思いが降りてくる。頭の中で思い起こせるチップの動きを辿ってみたが、途中からの記憶は曖昧なものとなって思考が霞む。

「お前らしくねぇな。俺はキチンと全部計算しといたぞ。二億、二億と三〇〇〇万だぜ。キチンと覚えとけよ。俺の取り分四六〇〇だから忘れるな」

自分には溶かした総額の一割の二三〇〇万円が入り、そこから太一に二割が支払われる取り決めだ。今の口座の残高と照らし合わせ改めて数字に驚く。矢崎はどこまで予測していたかわからないが矢崎からしても予想以上だったのではないか。

「田村、この歩合が入ったらバンコクでも行ってゆっくりしようぜ」

そう言いながら店のどこかから持ってきていたぬるいシャンパンを開けると、栓は勢い良く飛び、太一は泡まみれになって笑った。

「しゃぶり尽くされたシャブ中の社長に乾杯」

太一にグラスを渡され乾杯する。

「あれ？　太一気付いてたの？」

「あたりめえだろう。あんなシャブ中久しぶりに見たわ。あれだけネタ食っててよく不動産で成功できたよな」

太一は社長が自ら使用していたと勘違いしていたが、あれだけゲームにのめり込んでいた理由の一つに客引きによってオレンジジュースに混ぜられた覚醒剤の存在があったことは確かだろう。そうこうしているうちにホールの方から矢崎の声が聞こえてきたので太一と共に向かった。

「おう、田村。キチンと救出されて一命を取り留めおったか。そのまま夜まで出さんつもりやったんやけど。とりあえず現金の分の歩合はこれや。お前ら六時間後にはキッチリ出勤してもらわんと話おかしゅうなるからサウナでも行って休んどいてや」

矢崎に封筒を渡され、厚みだけ軽く確認し懐に収めた。矢崎はとても機嫌が良く口角を上げて笑っていたが相変わらず目は据わったままだ。

「俺も田村を外に出さなきゃよかったですねー。余計なことしたかな」

太一は笑いながら矢崎に合わせた。

「そやろ。たまには田村にもお灸据えてやらんと悪さして仕方ないよのう」

太一に救出される前に二人が顔を合わせなくて本当に良かった。この二人なら後先考えず悪ノリしていても可笑しくない顔合わせだ。何にしろ一大作戦がうまくいった安堵感に満たされて自然と笑いに包まれた。

9

サウナの部屋着のポケットに入れた携帯の震動で目覚めた。短いながらもしっかり深い睡眠が取れ身体も軽く、仮眠室の隣のベッドで寝ていた太一を起こす。

「なんだよ、もう時間か。サウナ入る時間あるかな?」

寝ぼけ眼の太一に「一〇分くらいなら」と伝え支度をする。携帯を確認するとその時付き合っていた女からのメールが来ていて「友達の子が働いていた渋谷の箱がパクられた」という内容だった。渋谷の箱は生え抜きのディーラーが少し悪さをしているだけでグループは入っていない。しかし、ビルの上の階で小火騒ぎが起きても店を閉めない話が少し前に回っていた。客引きへのキックバックを高く設定して一見や街中のあらゆる層を客にし、競合店もやきもきしていたところでの摘発となった。

サウナから出てきた太一とタクシーに飛び乗った。

「例の渋谷の箱パクられたってさ」

「マジかよ、あの箱相当流行ってたもんな。あんなやり方してたら遅かれ早かれってとこだよな」

カジノで働く中で大事なことは〝パクられそうな箱では働かない〟だ。タクシーは店に到着した。

店は昨日のことがなかったかのような日常を取り戻していた。昨日休んだ面々は久しぶりの休みに羽を伸ばしたようで皆顔がすっきりしている。そんな中、昨日の疲労が残っているのかくたびれた顔をした矢崎は直前になって現れた。

「田村と太一、話があるから上に来てくれや」

まだミーティングをしていなかったが矢崎の後に付いて上の階に向かう。三人になるとついさっきまでの宴が脳裏に蘇り、疲れ切った矢崎は昨日から休んでいないのではないかと感じさせた。浮ついている太一を尻目にゆっくりと階段を上った矢崎はいつもの椅子に座り、目を合わさずに遠くを見るように話す。

「話すことは一つだけや。あのおっさん死によった。念のため、この店も閉めなあかんやろ」

「えっ、死んだってどういうことですか？　あの後何かあったんですか？」

反射的に言葉を返すと共に、頭の中で掴みかけていた札束がみるみるうちに崩れていく。浮かれていた太一も間髪入れずに続く。

「矢崎さんはあの客が死んだって言うんですね？」

少し前のめりになって矢崎に食って掛かる様子だ。

「そうや。今日はしんどいかもしれんがいつも通り頼むぞ」

そう言うと矢崎は立ち上がり肩をぽんと叩き先に下の階へ降りていく。

「いや、俺はそんな話呑めないぞ」

太一は誰に言うわけでもなくそう呟き、二人とも納得できないままフロアに戻った。その後、それなりの客を溶かしたが曇った気持ちのまま一日を終えた。

「昨日の渋谷の箱の話聞いてるかもしれないが、情報が入って一旦店を休みにする」

終礼で矢崎は店が閉まることを話した。渋谷の箱の話が建前であることはすぐにわかり、店の関係者にも同じような理由を付けたのだろうという流れも透けて見える。

「いつまで休みになるかわからないからとりあえず荷物は持って帰って」

太一は空気を切り裂くように割って入った。ディーラーにとって細工してあるシューターやカードは命綱のような存在でありハウスには残しておけない。物証を残さないことは何より大事で今回の太一の発言は撤収を意味した。

「店出たら角のカラオケボックスに部屋取るからディーラーとウェイトレスは集合」

太一が店の関係者に構わず続けると黒服達は動揺し矢崎は苦い顔をしている。黒服達には何日かしてまた店を開ける話になっていたのかもしれない。どちらにせよ今後店は開かないのだけれど、矢崎の絵では段階を追って閉める話にしたかったと思える。それぞれ身支度を済ませると店を出てカラオケボックスに集まった。

カラオケボックスの部屋では太一とともちゃんが連れてきた人間に次の箱を手配し、できる限りの希望を聞いていった。その後は宴会になり、開放感も手伝ってか皆泥酔するまで大騒ぎして日頃の鬱憤を晴らした。カジノのディーラーという仕事上、捕まるリスクのないタイミングは店を移る間だけになるので、こういう時の酒は何より美味く深く酔わせる。

「おい、田村。もし話がおかしかったら矢崎さんとぶつかるかもしれないけどいいか？」

すっかり酔っ払った太一に耳打ちされる。太一はどうにか裏を取る考えのようで、その時は太一も切るべきジョーカーを持っているようだ。

「勿論、もし死んでなかったら俺の顔も潰れるから動いても仕方ない。だけど〝死んでなかったら〟のラインはきちんと守れよ」

「よし、そしたらまずは死んだかどうか裏取るから経費半分頼むぜ」

社長が死んだかどうかは興信所かどこかを動かせば裏が取れるだろう。太一は冷静に物事を処理する能力を持っている。このままもやもやしているのもよくないので太一の案に乗ることにした。

10

太一から連絡が入ったのは店が閉まって数日してからだった。相変わらず取りっぱぐれた歩合は気持ちを苛み気分は晴れないでいた。すぐに他の箱に移らず太一の知らせを待ったのは、うわの空で仕事をしても良い流れにはならないと感じたためだった。太一からの着信にようやく出口が見えると慌てて携帯を手にする。

「今から時間あるか?」

電話に出るなり太一は切り出した。

「おう、それでどうだった?」

「今からそっちに行くから待ってろよ。お前今家にいるか?」

太一の問いに「おう」と答えるとすぐに電話は切れた。手持ち無沙汰になるが既に近くに来ていたのか五分程してインターホンが鳴る。

「待ってたぞ。それでどうだった?」

太一はブーツを脱ぐのに手間取りながらどうとも捉えられない表情で一呼吸置く。

「あの社長が自殺したのはマジだったわ」

自殺という言葉に騙されていなかったという安堵感と、取り逃がした金額の喪失感が同居した。

「マジか……」

「ったくよぉ。あのおっさん死にやがって。こんなに取りっぱぐれたのは久しぶりだぜ」

こちらがハメて命を絶った地上げ屋に酷い言葉だったが、幾分か同じ気持ちを抱いた自分に気付き嫌悪感を抱いた。

「どうしたんだよ、田村。まぁ、お前は一つ桁の違う金額を逃したんだから仕方ないよな」

「いや、痛てぇよ。金も死なれたのもな」

そう言うと太一はこちらをじっくりと見据えた。

「わかるよ。俺も撒いててこんなことになるなんて思いもしなかったわ。俺らにはどうしようもなかったけど悪ノリし過ぎたかもな」

太一はそう言いポケットをまさぐると千と千尋のカオナシの可愛らしいキーホルダーを取り出した。

「これあのおっさんの。あんなおっさんも一緒にアニメ見にいく相手がいるんだもんな。あの時椅子の下に落ちてたから笑い話のつもりで拾ったんだけど、俺はこれ御守りにするよ」

そう言って太一は車の鍵にキーホルダーをつけた。

第七章
不振店の立て直し

1

気が抜けたように数日間を過ごす中、竜二から電話があり、九州で新店をオープンさせるから手伝いにいけないかという話が入ってきた。もともとはクラブとまではいかないが、高級志向のスナックだった店舗からソファーとテーブルを取っ払って、そこにバカラ台とブラックジャック台を置くのだという。日当三万円のほかに歩合が一割五分という好条件だった。

竜二は今入っている店があるため、自分ともう一人の腕の立つディーラーで九州に向かってほしいという。気分転換にもなることだしと思い、女性ディーラーのともちゃんを誘って話を受けることにした。

九州の空港に着くと同時に携帯が鳴った。

「ゲート出たら若い衆がいますんでよろしくお願いします」

受け入れ先の九州の組織の人間だった。先方からの電話にお礼の返答をする。

「こっちにいるのはどれくらいになるのかな、楽しみだね」

ともちゃんは初めての地方ということで気分が乗っているようだ。

「どのくらい客がいるのかによるかな。そればっかりは開いてみないとわからないね」

見知らぬ土地での見知らぬ人間達との仕事に不安よりも期待が膨らむ。カジノで形ができるかはディーラーとしてはホステスが客のドリンクを作れるかくらいに軽い感覚だ。ましてや地方となると競合相手も少なく、客もぬるい。たくさんの人との良い出会いがカジノのディーラーというだけで保障されている。

意気揚々と飛行機を降りるとゲートに〝田村様〟と書いたスケッチブックを持つ、二十代半ばの髪を短く刈り毛先をワックスで遊ばせた柄シャツの男が見えた。

「初めまして、田村です。よろしくお願いします」

こちらから声を掛けると畏まった様子で深々と頭を下げられた。

「よろしくお願いします。ロータリーに車ありますんでついてきてください」

柄シャツの男は緊張した面持ちで誘導する。ともちゃんのスーツケースをすぐに持ちきびきび動く様子は下積みの厳しさを窺わせる。しばらく歩くとロータリーにはセンチュリーとリンカーンが止まっており、その前に若い男とロカビリースタイルの四〇歳手前ぐらいの男が待っていた。

「田村さんですか？　よろしくお願いします。桂木です。女性ディーラーと一緒とは助かります」

ロカビリーな男、桂木は女のディーラーが来たことが大層お気に召したらしく顔が綻んでいる。ともちゃんはウェイトレスとしても十分な容姿で、男だらけでむさ苦しくなりがちな地方箱の人選として正解だった。まさかこの女の子が気合いの入った手仕事もできるとは思わないだろう。

一通りの挨拶を済ませると桂木の話でまずは寮に向かう。寮はファミリータイプのマンションで店からは距離があるということだったが、周囲の環境も静かで、幸先が良いと感じた。地方によってはどう考えてもそれ系の事務所に使われていたであろう場所をあてがわれるケースもある。最悪、若い衆扱いされて部屋住み同等の生活を強いられたなんていう話も聞く。

部屋には一通りの生活用品が新品でセッティングされていてモデルルームのように感じる。とりあえず荷物を置くと店へと向かう。店の内装も綺麗で新品の壁紙の匂いが残っている。早速ともちゃんとシューターや仕事に掛かる準備を始めた。

「田村さん。遠路はるばるお疲れかと思いますが、一席設けていますんで向かいましょう」

桂木の言葉で不穏な空気が差し込んでくる。まだ夜の店もやっていない時間帯で軽く居酒屋で打ち合わせという感じでもない。さすがに断るのは難しいと思い桂木についていくことにする。

「悪いけどともちゃん店の準備頼むよ。ちょっと行ってくるね」

「はーい。行ってらっしゃーい」

こちらの気持ちとは裏腹にともちゃんから景気良く送り出された。


空港から寮まで乗ったリンカーンではなく、センチュリーの後部座席に桂木と乗り込む。まだ新しい車の内装を褒めると「防弾仕様なんですよ」と得意げにドアを拳で叩いてみせた。その音で防弾かどうかは判断できなかったが流れに任せて驚いたリアクションをする。

「田村さんは博徒の道を進まれてどのくらいになるんですか？　思ったよりお若いので驚きました。いい彼女さんお持ちですなぁ」

気を良くした桂木に博徒と言われ、ディーラー風情からすると気後れしてしまうが、話の腰を折ってもいけないと素直に年数を答え、彼女というところはやんわりと否定した。

「うちの若い衆にも覚えさせたいんですが鍛えてやってはくれませんかね？」

カジノのディーラーを促成栽培することには慣れている。

「はい、僕らでよければできることはさせてもらいます」

そうこうしているうちに大層な門構えの料亭に車は止まった。駐車場にはランクの高い車が並び、待っている若い衆に機敏に頭を下げて迎えられた。車を停めると運転していた若い衆が隙のない動作でドアを開ける。普段の仕事で慣れている状況ではあるが、借りてきた猫にならないよう気を張る。そのまま桂木の後をついて店の奥座敷に案内され、料亭の女将が襖を開けた。大広間にいた一〇人程の香ばしい面々が立ち上がり笑顔で迎えられる。

「遠いところ御苦労さんです。ささ、こちらへどうぞ」

桂木の上の人間らしい老紳士に言われ促されるまま席につく。完全なる上座に座らされながら桂木を見ると入り口に近い席に座っていた。今まで緊張する大きな場面を何度も捌いてきたが今回の歓迎はさすがに気が気でない。カジノのディーラーとしての自信だけで辛うじて前向きな気持ちを維持する。酒が運び込まれ、会合が始まった。

「田村さんは何でもできるということで私らも心強いですわ」

老紳士に話されカジノの場面を撒いている時のスイッチを入れどうにか対応する。

「若輩者ですが頑張りますのでよろしくお願いします」

「田村さんは手本引きもやられるんですか？」

矢継ぎ早に若いが貫禄のある人から質問を受ける。

「いえ、自分らはゲーム屋の後の西洋賭博の流れなんで、手本引きは話にしか聞いてません」

稼業の人に合わせてその世界の話し方を真似て話すと、納得した様子で色々な人から質問責めにあう。気を張った状態でどうにか受け答えするも今度はじゃんじゃんビールを注がれ、目上の人に注がれそうになるとグラスを開ける癖が付いていたのが仇となり、危うく酔いが回ってきそうになる。ビールから日本酒に移るタイミングで「これから仕事なので」と酒を控えるように断りを入れる。

「まぁまぁ、そう言いなさんな」

目の前の若い人にごり押しで注がれそうになるが精いっぱい抵抗する。

「すみません。仕事に穴開けるといけないんで」

ここしかタイミングはないと気持ちを強く持ち、思い切って声をかけた。

「そろそろ仕事に取り掛からなければいけないので失礼します」

「そうですか。それじゃあお願いします。店のことは任せるんで好きにやってください」

老紳士に言葉を拾われどうにかこの場からおいとますることができそうだった。深く頭を下げ立ち上がり、よろけそうになる足に力を入れて踏ん張る。もう一度頭を下げると笑顔で送り出された。

出口の近くまで歩くと桂木はいつの間にか目の前にいて、そのまま店に向かった。

店に戻ると準備は整っており、酔いが回りながらも運転手二人にバカラのルールなどを教える。その日は五組程の客が入り、店は三〇〇万円近い上がりになった。どうにか面目躍如で桂木には喜ばれ、そのまま若い衆の一人に見送られた。

毎日リンカーンで送り迎えされながら、一ヵ月と少しで四〇〇〇万円近い上がりになったところで、身体が空いた竜二にバトンタッチすることになった。

ともちゃんに挨拶をして店を上がって東京に戻る。途中交代した竜二からは「客がなかなか来なくて稼げない」と愚痴を言われたが、客を連れてくるのはディーラーの仕事ではないためどうにもできない。結局「田村が美味しいところだけ持っていった」と泣き言を言いながらも現地の女性と付き合い、何だかんだと帰ってこない竜二だった。

2

その後、籍を置いた店は高杉からの電話が切っ掛けになった。

「たむちゃん、店がうまくいかなくて胃に穴が開きそうだわ」

二週間前、高杉はオーナーとして中規模店を東京の郊外にオープンさせた。街自体は活気があり、店は上がると見込んでいたが、その箱は以前、仕事で客を殺し尽くしてしまった箱であり、店名を変えたところで客の印象は変わらない。高杉は八〇〇万円という破格の初期費用で店が出せるという話に飛びついたが、そこには罠があったのだ。

いつになく気弱な高杉に尋ねる。

「店の状況はどうなんですか?」

「客はいることはいるんだけどマイナスで全然店が上がらないよ。たむちゃん、助けてくれないかな」

高杉は詳しく状況を伝えるわけでもなく、ただただ疲れ切っている様子だった。カジノ業界に入ったばかりの頃からの付き合いということもあり無碍にすることはできない。とりあえず店に向かうことにした。

入店すると、店は大盛況で皆が忙しそうに働いていた。こんなに客がいるのになぜ店が上がっていないのか不思議に思い、事務所で高杉に尋ねる。

「客は入っていると思うんですけど、これで上がっていないんですか?」

高杉は顔を曇らせて答える。

「いや、客は入ってるんだけど全部ガジリなんだよ。一〇点に二点のサービスつけているんだけどそれ目当てでまともな客がいないんだ」

そう聞いて納得した。

カジノ業界も成熟し、客の中にもこすっからい者が増え始めていた時期だった。つまらないこすっからさだとサービス目的のガジリ屋でサービスの多い箱には付き物だ。ツーシュート縛りという条件で一〇点に二点のサービスをつけたりするが、計算上バンカーに最低ベットを張り続けると六〇〇〇円儲かるなどの理論を用いてカジノに入り込む。

その数が三割程度までだと六〇〇〇円で雇う賑やかしと割り切って対応できるが、それを超えてくると普通に勝負する客が冷めてしまう。ガジリグループは手駒のガジリ屋達をホストや水商売の女性、又は大学生やIT企業の社員などに偽装させベット方法を管理する。奇数で勝ったら次は逆を張ってくれとか、二回ごとに逆に張ってドローが出たら次は倍額賭けろなどと指示を出し、出目表を持ち帰らせ計算し対価を払う。

高杉の店はガジリ対策ができておらず、客はいるが、店は上がらないという悪循環に陥っていた。客の動きを見ていると、本来ワンシューターのうちルック三回までという決めがあるにも関わらず、ディーラーや黒服の目が行き届いておらず、席についたままルックしたりトイレにいったりという形でしのいでいるガジリ屋が目についた。

「高杉さん、ガジリ屋に自由にさせすぎなんじゃないですか？」

高杉は弱り顔で頷く。

「今日は来てないんだけど、この店、昔からの知り合いで有名な箱を流行らせたグループに任せてるんだ。でも、彼らが店を流行らせていた時代はほうっておいても客が入る時代で、今は流れが変わっているんだよね」

カジノによるサービス合戦が加熱していた時期で、結果的にそれはガジリ屋の台頭を許していた。それに対応できる経営者とできない経営者で店の数字には明暗が分かれてしまう。高杉はうつろな眼差しで言った。

「イガちゃんのグループから出て一本立ちしようと思ったのにこのざまで頭が痛いよ」

高杉は猪狩のグループから抜けて勝負をかけた。しかし、この状況では店はもたない。

「オープンから二週間でどれだけ抜かれてるんですか?」

「二〇〇〇ってところだね。たむちゃん、明日からディーラーとして来てくれないかな。頼むよ」

このままではもって二週間というところだ。業界に入った自分にいろいろと教えてくれた恩もあり、高杉の依頼を受けることにした。

3

翌日、高杉の箱に出勤すると、経営を仕切っている四人組をキャッシャールームで紹介された。普通はキャッシャールームは小さいパチンコの換金所のような場所だが、この店の場合はソファーがいくつも置かれた洒落っ気のある応接室のようになっている。

中には高杉の他にスーツを着た四人の男達がいた。一見すると派手めな不動産屋を思わせる三〇代半ばから六〇歳過ぎの四人は、サラリーマンにしては態度が大きく威圧感が強い。ソファーに深く座り、中でも最年長の六〇歳過ぎの小太りの男はこちらを推し量るように睨んできて、突然キャッシャールームに入ってきたことに納得できないといった感情が伝わってくる。

「ディーラーがいきなり入ってくるなよ」

奥にいるメガネを掛けたポマードで頭を固めた男から注意を受けた。高杉はその言葉を受けて紹介する。

「こいつ、昔からの付き合いの田村っていうんですけど、腕は確かなんでよろしくお願いします」

「田村といいます。よろしくお願いします」

頭を下げたが、胡乱な眼差しと気のない返事を受けただけで歓迎する雰囲気ではなかった。その様子からもこの箱がうまく回っていない状況が伝わってくる。

ホールに出てディーラーの業務を始める。高杉は忙しそうにホールで対応し、四台あるテーブルは埋まり待ちまで出ている。店には見たことのある客はあまりおらず、噂を聞きつけ集まった外国人の集団が目につく。そんな中、張りこそ小さいが事情通の韓国スナックのママを見つけたので呼び止めた。

「ママ久しぶり。最近調子どうなの？」

以前の箱ではママがお客さんを連れてくると見合ったサービスを出していた。ママは客を呼ぶから的にしないという暗黙の了解ができていて、ママが大きなお客さんを連れてきた時には買い上げの一〇パーセントの本チップを店からつけ、負けた総額からも一〇パーセントをバックしていた。

「あら、田村ちゃんじゃない。久しぶり。あっちこっちで負けてるわよ。また、お客さん連れてきたらサービス頂戴」

ママは腕を掴みウインクしてきた。

「このハウスではただのディーラーだからまだサービスは出せないんだよ。それより最近ここら辺は流行っているの？」

いつも着飾り化粧をしていたママはすっぴんで歳も一〇は老けて見えた。四〇代半ばのママは全盛期はスナックを三店舗経営していたが博打で溶かし、今は小さい店をやっているものの、そこもほぼ任せっきりで博打に没頭していた。

「流行ってるカジノたくさんあるわよ。でも、この店はやり方が駄目ね。サービス目的のお客さんばっかりでまともに打っても楽しくないわ。私がお客さん連れてくるから田村ちゃん早く出世してね」

「ママの助けがないと俺も出世できないよ。あっ、ちょっと待っててね」

ママならば客を呼べるし、ガジリが減り太客が増えることで店の流れもよくなる。ママを待たせてホールの高杉のもとに向かい、耳打ちをする。

「あのママなんですけどこの地域で顔が広いんで少しサビあげることできないですかね」

ママの方を二人で見るとママは満面の笑みでこちらにシナを作る。

「田村が言うならつけるけど二人だけの秘密ね。俺が勝手なことするとうるさく言われるから」

高杉はオーナーなのだからもっとどっしりと構えてほしかったが高杉にも事情があるのだろう。

キャッシャーに入って一万円分のサービスチップを握りしめホールに戻ってきた。二人でママの元に向かい「特別だからね」とチップを渡すとママは高杉に礼を言いバカラ台に向かった。

「ママが客を連れてきてくれれば店の流れも変わると思います。あとガジリを野放しにさせていてはいけないと思うので、少し厳しく見させてもらっていいですか?」

「田村に任せるからよろしく頼むよ。とにかくこの状況はヤバいんだ」

高杉の言葉に頷いてディーラーの持ち場であるバカラ台に戻った。

バカラ台には八人程の客が座っていたが、そのうちガジリ屋風なのは六、七人。ママも言っていたが、ガジリ屋の賭け方はシステマチックなもので、ガジリの比率が多すぎると普通の客が興ざめしてしまう。三割程度に押さえなければ店はまともに回らないだろう。

カードを配り始めたが、やはりガジリ屋達はあの手この手でルックの回数を増やし、ツーシューター分をなんとか浮いたままましのぎきろうとしている。

「すいません、お客さんルック三回目なんでベットお願いします」

中国人らしきガジリ屋に言うと、わざとらしく電話がかかってきたふりをして電話を取ったりする。またはトイレに立ったり他の人間を指差したりする。

「あの人もなんで注意しないの。あの人ルックばかりよ」

ここで引いていたらガジリ屋をのさばらせることになってしまう。

「すいません。では、お客さん、これまでのチップは換金させていただきますので、当店でのお遊びはご遠慮いただけますか」

もちろん激しいクレームを受けるが、ルールをやぶっているのはガジリ屋だ。最初はブーブー言っているが、毅然とした態度で行なうことが大切だ。これで帰るガジリ屋もいるが、ルックを減らし、数千円の浮きを狙ってくる者も多い。こうすることでガジリ屋の興ざめする賭け方の比率を減らすことができる。

三日程このような対応を続けていると、ガジリ屋グループのほうも、この店はきちんとした店だと把握し、たまにドローに張ってみたり、ルック回数のルールを守るようになってきた。それと共に、種を蒔いていた効果も現れた。

「田村ちゃん、いいお客さんつれてきたからサービスよろしくね」

ママは自分との繋がりをいかして、この箱に太客を紹介すればうまく立ち回れると理解し、何人かの太客をつれてきてくれるようになった。店の数字は確実に改善しているが、まだ経費に圧迫されて売上を上げることができていない。高杉が苦渋の顔で話した。

「たむちゃんが入ってからいい流れになってきて感謝しているけど、経営のほうから、ディーラーの人件費を削れっていってきてるんだよね。たむちゃん、こんな状況で手伝ってくれるディーラー見付けられるかな？」

高杉はよほど切羽詰まっているようだった。ガジリ屋をのさばらせていたディーラー達を外すのは反対ではなかった。しかし、オーナーである高杉よりも四人組の発言力が強いのはいい状況ではない。高杉と二人でキャッシャールームに入ると、ポマード頭から鋭い視線が浴びせられた。

「ディーラーの件、聞きました。外すだけだと回らなくなるので、少数精鋭でできるような腕の立つディーラーを探してきます」

こちらの提案にも不満そうな表情を崩さない。

「人件費は痛いが店が回らなかったら仕方ないからな。だが、お前、ガジリ屋をしめつけすぎて客の数が減ってるじゃないか。それでいいのか」

「これまでゆるくやりすぎていたのでルールに基づいてやっているだけです。ガジリ屋は減っていますが、数字は確実に上がっています。もう少しこのままやらせてほしいのですが」

「ディーラー風情がデカイ口を叩くなよ。お前になにがわかるんだ」

高杉がどう話しているかわからないが、地方や東京の箱の立ち上げを自分がしてきていたことは理解していないようだった。敵対することは得策ではないが、四人組がやはり一昔前の考え方の持ち主であることはよくわかった。悪質なガジリ屋が数字に貢献する時代ではなくなっている。そのことを理解できないまま経営を続ければ、高杉のわずかな種銭はたちまち底をつき、二週間も立たないうちに潰れることになる。

カメラに映し出されているバカラ台を示して言った。

「あのテーブルの小太りの客ですが、ガジリグループの仕切りだと思うんです。あのテーブルでまともな客は一人しかいません」

ガジリグループの互いにパスをし合うような賭け方では場が炊けることはない。しばらくカメラの映像を見ていると、まともそうに見えた一人の客も席を立ってしまった。

「このままでは店はヤバいと思います」

そう言った後、あえてオーナーである高杉のほうを向いて続けた。

「来週から店任せてもらっていいですか？」

言葉を吐くとつっかえていた物が取れたように気持ちが軽くなった。しかし、空気は一瞬にして凍り付く。鈍い深海魚のようないくつもの目から刺さるような視線を感じる。高杉はおずおずとした様子で聞いた。

「田村に任せたら店上がるんだね？」

「はい、上げられると思います」

向かってくるかと思っていた四人組は固まったまま現状が飲み込めていない様子だったが、こちらの発言に反論はなかった。自分達が絶対だと思っていた流れが築けず、強く出るタイミングを失ったかのようにも思えた。

「よし、じゃあ田村来週から頼む」

いつもの強さを取り戻した高杉は周りを見渡しながら言葉を吐く。高杉につられて四人組の顔を見ると、何を言うでもなく視線は宙に浮いたままになっていた。一瞬にして立ち位置が変わり四人組に気を遣う必要はなくなった。

会話が途絶えたキャッシャールームの外には変わらずの喧騒に包まれた博打場が波打っており、この客達からいかに数字を上げてやろうかという気持ちでホールに出る。先程まで脅威に思えたサービス目的の客のオーラは消え、どう切り崩すかそれだけを考えた。

4

どのような従業員体制でいくか、そこが最初の関門となった。腕の良い竜二は他の店を任されていて呼ぶことができず、同世代で何人かいる全国区で腕利きのディーラーが頭に浮かんだ。早速連絡してみると、以前大箱で一緒だった柳井というディーラーが来てくれることになった。

柳井はすらっとした長身で物腰が柔らかく、中性的な見た目は穏やかな印象を与える。潰れかけの店を立て直すという話を楽しんでやってくれるフットワークの軽さもある。使い物にならない三人のディーラーの首を切り、代わりに腕利きの柳井を投入する。人員的には心もとなくもあるが、ガジリ屋が減少傾向にあることを考えればなんとか回るだろう。

新体制の中、経営陣の四人組は契約の関係上残った。いくらかは知らないが月給制の契約だったようで高杉には「田村がやるんだから気にしなくていいよ」と言われたが全く気にしないわけにもいかない。相変わらずキャッシャールームのソファーに腰を下ろしたままで動きはない。

店を任されたことで遠慮する必要はまったくなくなった。柳井という心強い味方もある。出勤してきた柳井とこんな会話を交わす。

「田村さん、もう仕上げちゃっていい感じなんですか？」

「ガジリ屋とママがつれてくる太客には仕事入れようか」

「りょーかいしました。よーし、やっちゃいますか」

サービス競争に疲れたカジノ側はこの頃からポンコツを入れ、客を生かさず殺さず絞っていく方針に転換しつつあった。柳井が先陣を切ってガジリ屋の多いテーブルに乗り込む。柳井のシャッフルは自然で練度の高さを窺わせる。柳井は〝一枚落とし〟と〝釣り〟のテクニックを使い、ガジリ屋のチップを溶かしていく。ガジリ屋は基本的に均等になるように張りゴマを調整するものだが、それでも偏りは生じる。そこをついて自然に溶かしていくのだ。

柳井のシュートは店が八〇万円浮き、サービスがなくなり本チップになったガジリ屋達は取り返すべく熱くなっていた。場面はいい感じに熱を帯び、ガジリ屋達は我を失っている。

「田村君温めておきました。後は任せましたよ」

シュートが終わった柳井は耳元で呟いた。ディーラー同志で競い合うのは楽しくシャッフルにも熱が入る。シュートが始まると取り返そうとするガジリ屋達のベットが押し寄せてくる。柳井が温めてくれたこともあり、少し余裕を持って客を遊ばせながら溶かしていくとすぐにチップケースが溢れた。

「お願いします」

入らなくなったチップを逆注射（チップを回収すること）するため高杉を呼ぶと、高杉は少しお道化た様子でチップを持ち帰った。サービス目的でカジノに来るガジリ屋達も基本は博打打ちだ。熱くなって取り返そうとベットを重ねるうちに後戻りができなくなる。買い足しする人間も現れシュートが終わる頃には一〇〇万円と少し浮いて終わった。

任された初日は五〇〇万円に近い上がりで終わった。オープン以来初めてと言ってもいいプラスで高杉は満面の笑みを浮かべている。

「たむちゃん、ありがとー。マジで生き返ったわー。この調子で頼むよ」

そう言ってからキャッシャールームを顎でしゃくった。

「それでなんだけど、あの人達どうしようか？」

いきなりそう聞かれるもどのようにするかは範疇外で返答に困る。

「うーん、やり辛くはありますが高杉さんの考えに合わせますよ」

「じゃあ給料は払うから自宅待機ってことにしておこうか。後は俺がうまく言っておくから」

四人組にしても店に残って悪い印象がつくのは嫌だと思うので、高杉に任せることにする。今は四人組のことよりも店のやり方について煮詰めていきたいところだ。

「柳井君、客から一気に抜くか少しずつ抜くかどんな流れがいいと思う？」

柳井に尋ねると、ひょうひょうとしたノリで答える。

「そうっすねぇ、田村君にお任せなので明日からの入りを見て考えましょうか」

柳井くらいできるディーラーが仲間だと本当に心強い。この状況なら頑張っていけると思っていたところで更に竜二から連絡が来た。

「おう田村、高杉さんの話俺も加わるよ。今の店下の子に任せられそうだから合流するわ」

竜二も高杉さんの危機となれば駆け付けずにはいられないようで万全の体制が整った。

翌日からも客足は途絶えることなく〝今日こそは取り戻してやる〟といった様子の客から少しずつ抜いていった。竜二と柳井との三人体制になってからは余裕もでき、店の数字はうなぎ上りに上がっていった。紹介者のママや客引きとのコミュニケーションも完全に熟し、ママには歩合を増やすなどして客はますます増えていった。だが、この状況を面白く思っていない人間がいた。

冴えない目付きの田舎のチンピラのようなガジリグループの仕切り役だ。まったく勝てなくなったことに加え、ママがつれてくる客が多くなっている状況に違和感を抱き、高杉に切り出した。

「俺も客引いてくるからバック頂戴よ」

中背なのに一〇〇キロはゆうに超えている巨体に中途半端な金髪のプリン頭、身にまとっているのは安っぽいジャージ、あまり外見を気にしていない風貌だった。高杉が話をはぐらかすと男は更に強く出てくる。

「俺に恥かかせるのはあんまりよくないぞ。俺はこの辺じゃあ◯◯会の側ってことで知られてるんだぞ」

そう言って高杉に組織名を出して啖呵を切ってきた。◯◯会といえば西の一大勢力の幹部を多数輩出している組織で、裏事情をある程度知っている層からも一目置かれている。あくまでも相手は側の人間と匂わせる形だったが組織名を出すのはやりすぎだ。どちらにせよ厄介事であることに変わりはなく高杉の対応が気になる。

「あいつほんとに◯◯会の関係者なのかね。あんなやつは騙りにしか思えないよ」

高杉はただでさえよく思っていない客に脅されながらも、その表情はなんだか面白がっているようにも思えた。

「それでさ、今度来たら実際に連れてこさせようと思ってるんだよね」

際どい店を経営している以上、厄介事は避けたいところだが、やはり高杉は面白がっている。

「実際に◯◯会の人呼んじゃうから、普通に会わせたらどうなるのか見てみようよ」

完全に調子を取り戻した高杉のやんちゃさは振り切れており、仁義なきドッキリを仕掛ける話は進んだ。しかし、考え一つで◯◯会の人を呼ぶことができる高杉の裏人脈には驚く。

決行日当日、オープンの一時間前に店の前に呼び付ける形になった。一応ディーラーサイドも店に早く入ったが際どい内容だけに中で待機する。丁度入り口の監視カメラの前でやり取りが始まり、高杉はこのドッキリを皆で共有したいのだとわかる。

初めは高杉だけでガジリ屋と連れの二人組に対応する。前のめりに食って掛かるガジリ屋の様子が画面越しから伝わってきて、皆で監視カメラのモニターを食い入るように見ていると、少しして高杉が呼んだ本物が登場する。すると時代劇のように形成は逆転し、一気にガジリ屋は気をつけの姿勢で動かなくなった。一同で大笑いしながら動向を見守っていると、コメツキバッタのように頭を下げてガジリ屋と連れの男達は姿を消した。すぐに高杉が店内に帰ってきた。

「あいつすぐに態度変えやがって、ほんと仕方ないやつだったよ」

いつものように軽い様子で笑いながらガジリ屋をこき下ろした。

「一応、連れてきた奴は関係者だったみたいなんだけど、あいつ自体はその知り合いってだけで直接関係ないのね。向こうが謝ったから連れてきたやつの顔に免じて許してやった。もうあいつはうちには来ないから安心して」

こうして店から面倒なガジリ屋を追放することに成功した。

経営を任されるようになってから二、三週間が経過した頃、高杉がほっとしたような顔で言った。

「たむちゃん、今日で今までのマイナス取り戻したよ」

その言葉にやっと肩が軽くなった気がした。その後、しばらく経営を続けたが、客を溶かし続けたことで客足は減っていき、高杉が十分な利益を上げたところで店を閉めることにした。この店舗はまた別のオーナーに売られる形で新カジノとしてオープンするのだろうが、二店舗連続で客を溶かしていることから、今度の店は更に苦労することになるだろう。

第八章
組織専属ディーラー

1

高杉の店は悪くない形で終わり、竜二と柳井の三人で地方の温泉で骨休めをすることにした。温泉の近くにある地方競馬に向かい毎日のように馬券を買って過ごした。

「六番行けー！」

人気薄の六番を二〇〇〇円分買った竜二は、人気馬の走路妨害もあって万馬券を的中させた。竜二の奢りで焼肉を食べていると、高杉から電話がかかってきた。

「たむちゃん、オープンの話があるんだけど、また皆でやらない？」

高杉には地方に来る話はしており、三人が同じ行動をしているとわかっての連絡だ。

「三人とも身体開いているんでいいですよ。また皆でやれるのは楽しみですね」

顔合わせの当日、高杉と待ち合わせをしている喫茶店へと向かう。

「たむちゃん。地方はどうだった？」

久しぶりに会う高杉はセットアップのスーツに身を包み、見るからに富裕そうな出で立ちである。

「温泉で美味いもん食ってきました」

競馬の小博打、地方飯は身も心も満たした。

「それでさぁ、たむちゃん。今度の箱なんだけど○○会の箱なんだよ。もう内装に入りたいって話でさ。早ければ来週からでもオープンさせたいみたいよ」

先日のドッキリで話が出た○○会の箱とは驚いた。今まで○○会は直接的にカジノ業界に進出していないはずだ。

「えっ、マジっすか。直営店じゃないですよね？」

柳井は真剣な面持ちで高杉に質問を投げかけた。

「まだ俺も詳しい話は聞かされてないから、今日の顔合わせで大体わかると思うよ」

軽い気持ちで高杉の話に乗った三人は高杉の流れに任せるしかなかった。

「とりあえず顔合わせだから行ってみて決めようよ」

今まで数多くの直営店で働いてきたが大手の直営は数回で、それも間に企業舎弟を噛ませた形だった。今回もそのような形でやりづらくない箱ならば問題はない。

「何かあったんですかね？」

見慣れた繁華街が緊迫感を帯びているのを感じる。街中の香ばしい面々が携帯で深刻そうに話していたり、小走りで移動していたりと忙しなく、抗争や摘発があった時の空気感と似通っている。

「最近この辺りも物騒だからな」

高杉も街の空気の違いを感じているようだった。カジノで働いている以上、街のちょっとした変化には敏感になる。

大通りに出る角を曲がると街が反応する理由がわかった。そこには異質な黒塗りの五台の車が連なって止まっており、その周りに一〇人程のいかつい男達が立っている。普段見る稼業と比べても戦闘民族といった様相を呈した男達は、周囲に目を配り街全体を威嚇しているようだった。

「そこのビルの三階みたいだよ」

空気を変えている男達の脇を通り、少し先のテナントビルに入る。エレベーターに乗り込むと、高杉が三階のボタンを押しエレベーターが上昇を始める。ドアが開くと監視カメラが設置されている入り口に着いた。

高杉がどこかに電話を掛けると電子錠が開く音がした。重厚な作りのドアを開けると先程の男達と似通った攻撃的な男達が一五人程並んでいた。カジノの顔合わせにしては緊迫し過ぎている。街のざわつきの理由がこのカジノの顔合わせだと気付き、一気に気持ちが締まった。

「高杉君、待ってたよ。そこに座りなさいよ」

奥のテーブルに座った見覚えのある五〇歳くらいの男が声を投げる。どこで会ったのか思い出そうと頭を捻ると新宿の箱が思い浮かんだ。

そうだ。新宿の箱の時に張りにきていた常連だ。

見覚えのある男は以前、新宿の箱にヘルプで行った時の客だった。雰囲気からするとどこかの中小企業の社長さんあたりだと思っていたが、見かけに寄らず稼業の人間だったようだ。

「お疲れ様です。失礼します」

　促されるまま高杉は椅子に座り、こちらも後に続いて腰掛ける。

「噂は聞いているよ高杉君。どんな客でも溶かせると聞いてきてもらったんだけどうちでやってくれるかね？」

「どんな客も手玉に取れるんですがその技はメインディッシュのようなものです。いきなり肉食わすよりか客が真剣に打つ流れを作るまでが大切でして、店の雰囲気や従業員がオードブルになるようにお願いします」

　店をやるに当たってやりにくくならないように言うべきことは言う。高杉の言葉を男は表情を動かさないまま聞いている。高杉は沈黙に耐えかねたように言葉をつないだ。

「上層部の話に口を挟んですみません。現場のやり方も理解していただけると嬉しく思います」

　普段なら二つ返事で引き受けるところだが、あまりに圧迫的な顔合わせだからなのか高杉は即答しない。どのような箱を開くつもりなのか先方の絵図も気になる。

「腕が良い面子は揃えてきました。客層はどんな感じなのか教えてもらえると嬉しいです」

　高杉は気になる点をピンポイントで質問した。ただの箱を開くには少し異様な光景で、ディーラーサイドとしては気にかかる。

「平たく言うと組織の仕事なんだけれどもやってもらえるかな？　客層は濃い面子になるがどんなことがあっても心配いらないから頑張ってほしい」

うまくぼやかしてほしいところを〝組織の仕事〟と持ち出されては構えてしまう。今までも稼業の人間の共食いの話を受けたこともあったが、その時はあくまで一般客ということで話はきて、その分口止め料と歩合をつけてくれた。

カジノという特性上、稼業の人間は常に見え隠れするが、ここまで面と向かってこられると暗黙の了解ではなくなる。何か起こった時のために〝そうなのかなと思ったけれど確証はない〟という体は何よりも大事で、全てを知らないということは逃げ道になる。先方は逃げ道も何も考えずにやることをやってほしいというところなのだろうけれど、組織専属のディーラーになると潰しが効きづらく、カジノが下火になった時、身の振りに困る。

「いつ頃から開く予定なんですか?」

しばしの沈黙を打ち破るように高杉が言葉を返す。

「高杉君達の返答次第で内装入れるから一週間後くらいを考えている」

即答しない高杉に距離を詰めるように視線を投げかけながら男は話した。若干、話が思い通りにいかない苛立ちの表情を見せ空気が重くなるのを感じた。

「許可はあるんでしたっけ?」

高杉の言葉は空に浮き場を凍らせる。許可なんてあるわけがないとその場にいた全員が同じ認識を持っている中、高杉は少しとぼけた様子で風営法の許可について触れた。この場に及んで主導権を取りにいく高杉の発言は、場に呑まれない胆力の強さを感じさせる。男はこちらにも視線を向けてきたが高杉に任せるべく無表情を決め込んだ。

「いえ、一応聞いておきたかっただけです。ウェイトレスだとそこが気になる子がいるんで」

高杉の答えに男は納得した様子で頷いた。一連の流れから男はハウスを開く流れにはそこまで詳しくないと思え、それを見越して斜め上から質問を投げかけたのだろう。はぐらかしがうまく決まった形で主導権が高杉に移った。

「いざとなったら女の子ならこっちで用意するから心配しないでくれ」

ウェイトレスという仕事はそこまで難しいものではなく、一週間もあればそれなりに形になる。

「おい、ちょっといいか？」

「へいっ」

男が背後に声を掛けると、がっしりとしたスーツの男が小走りでやってくる。男が何やら耳打ちをするとがっしりとした男は頷き元の位置に戻っていった。戻る男に合わせて後ろを振り返ると、相変わらずいかつい男達は気を張った様子で並んでいる。囲まれているこの状況下でうまく立ち回っている高杉に全てを託す。

「条件面や店のことで希望があれば何なりと言ってくれ」

男はそう言うとタバコを取り出した。それを見てまた別の男が走ってきてタバコに火をつける。

「はい、条件面を含め話し合いたいと思うので、明日改めて連絡させてもらう形でいいですか？」

高杉はそう切り出し話を持ち帰る案を出した。ゆっくりとタバコをくゆらせながら男は答える。

「わかった。明日連絡をくれ」

「それでは今日は失礼します」

そのまま張り詰めた雰囲気の男達の横を通りエレベーターに向かった。


「田村達、どうしよっか?」

店を出て喫茶店に入ると高杉は皆の顔を見ながら笑顔で問い掛ける。

「ちょっと圧迫的で露骨でしたね。もう少しオブラートに包んでくれないとやりづらいですよ」

気持ちをそのまま高杉に伝えた。

「あの店で働くとお抱えってことになるんですかね」

柳井は事の成り行きを面白がっているのか笑いながら言った。

「俺もあんなに勢揃いしてるとは思わなかったからびっくりした。話を振ってきた人間にもう少し詳しく聞いてみる」

高杉はそう言うと携帯を取り出し電話を掛ける。

「それはそうと○○会のお抱えはいいんだけど、そうするとTとか他のグループの仕事できなくなっちゃうな。俺はTと仲良いからしがらみがなぁ」

竜二はお抱えというところが引っかかるようだった。確かにTの仕事は多いし、宙ぶらりんには宙ぶらりんの良さがある。縦の繋がりより横の繋がりを大事にしたい竜二の考えは理解できる。

「えっ、土屋君やらないつもりなんですか？　〇〇会のお抱えとかすげーブランドじゃないですか。金が悪くなければ行きましょうよ」

柳井は断然乗り気だった。確かに〇〇会のお抱えは業界でもなかなかないブランドになるだろう。柳井にもいろいろな付き合いはあるのだろうけれど腹を決めた様子だ。

「はい、わかりました。そういうふうに言っておきます」

高杉の電話が終わり〝そういうふうに言っておく〟という言葉に若干の引っ掛かりを感じる。

「とりあえず給料は悪くないみたいだしやるだけやってみて決めようか」

高杉は皆をまとめにかかった。しかし、そのように緩い話ではないことはわかり切っている。

「とりあえずやるって流れは先方にも悪いですし、もう少し考えさせてください」

竜二はやや食って掛かるように高杉に言葉をぶつける。やはり今後の流れで色が付くことによる立ち回りの難しさを考えているようだ。もし共喰いの話になったとしたら規模は大きくなるだろうし面子も濃くなる。

「とりあえずやってみるでもいいんじゃないですかね。どうせ僕等ディーラーはやることやるだけですし」

柳井は竜二と違いイケイケだ。

「田村はどうする？」

高杉に尋ねられ思いの丈をぶつけるか迷った末、一旦間合いを取る方向性に決める。

「僕もどっちかというと竜二の意見に近いですね。やってから決めるってわけにはいかないと思います」

「そうか、言い方が悪かった。気持ちを解そうと思ってさっきみたいな言い方になっただけだから悪く思わないでくれ。給料は三万以上で話付けるし歩合も一割以上で頭割りにするように話を付けるからどうかな？」

高杉の中では既にそろばん勘定が始まっているらしかった。確かに金銭面は大事だが今は慎重に進退を考えたい。勿論話が来たことは悪い流れではないが業界内にもバランスがあり、出る杭になるからには打たれる覚悟が必要となる。

「ノリが悪くて申し訳ないんですけれど今日中に返事出すんで持ち帰らせてもらってもいいですか？　勿論他言無用は守ります」

「たむちゃん、連れないなぁ。折角皆でできる話なのに。俺の顔が潰れちゃうから今日中というのは守ってね」

こちらの間の置き方に高杉は少し焦っているようにも感じた。

「田村君、待ってますからね。話が来たからには行くところまで行きましょうよ」

柳井はそう言いながら手を掴み左右に振った。何か含みを残している高杉の微妙な表情と、終始無邪気で笑顔を絶やさない柳井は対照的に映った。話に乗り気ではない竜二はテーブルの上で手を組み視線を落としている。

高杉と柳井に挨拶を済ませ、店を出ようとすると高杉から声がかかる。

「たむちゃん、今日車でしょ？　悪いけど経費出すからエニー（昔あった水商売御用達のドン・キホーテのような店）行ってクロスタイ五個くらい買っといてくれない？」

エニーとなると歌舞伎町に寄ることになりそうだ。

「わかりました。竜二とエニー行ってきます」

やさぐれた感のある竜二と一緒に店を出た。

2

二人とも無言のまま竜二の車を止めた駐車場を目指す。街は落ち着きを取り戻し夕暮れが夜の街の始まりを告げている。何も言わず駐車代の足しにと一〇〇〇円札を差し出すと竜二は黙って受け取り清算を済ませた。車に乗り込むと竜二はためらいを吐き出すように言った。

「悪い話じゃないんだけどなんか引っ掛かるんだよな。だってもうカジノの裏事情はTが仕切ってるわけじゃん。なのになんでこのタイミングなんだろう。一般客を呼べる様子もなさそうな感じだから、下手したら晩度手配博打（常に開かれている場ではなく招待客を呼んで開く場のこと）なんてことも考えられるな」

竜二はこちらに顔を向けて苦しんだような表情で続けた。

「俺ははっきり言ってTとの絡みはなくしたくないから反目には出られない。田村、そこはわかってくれるだろ?」

「じゃあやらないっていう話になるの? 柳井君だけ残すっていうのも高杉さんの繋がりは俺が作ったから気がひけるな」

こちらの問いかけに竜二は無言で、明治通りに出て夕暮れの中、新宿方面に車を進める。今日中の返事にはまだ猶予があり、気晴らしをしたら考えも変わるかもしれない。竜二は区役所通りに入り、銃撃事件が起こり半分くらいの広さになったパリジェンヌを花道通りに曲がった。

以前は数多くの黒塗りの高級車が並び若い衆を立たせて威圧感を放っていた目抜き通りは石原都知事の号令の元、浄化作戦が行われた。道幅は車一台が通れる幅に狭められ自転車が並んだ。年に一度の歌舞伎町恒例の若い衆の練り歩きは健全な商店街の旦那衆の見回りに変わり、街独特のここにしかない緊張感は薄れた気がした。この頃からかアジア系外国人やぼったくり居酒屋の客引きなどが街で目立つようになり、店舗型風俗店も如実に減っていった。最後の砦となっていた東宝サウナも後に閉まったことで、刺青客が跋扈する動く博覧会も見納めになってしまった。

花道通りを曲がりバッティングセンターに車を止めクロスタイを買いに向かう。毎度の買い出しでどこに何があるのかはわかっているので最短のルートを取り用事を済ませ、そのまま車に戻ろうと歩く中、大きな飾り熊手を持ったカップルとすれ違った。

「今日酉の市だべ。行くっきゃないでしょ」

竜二のヤンキースイッチが入ったのを口調で感じつつ、異論はなくそのまま散歩がてら向かうことにする。出勤中のキャバ嬢が店に急ぐ中、中心部から靖国通りに向かった。そのまま人混みを掻き分け靖国通り沿いから酉の市に入る。見世物小屋の横を進むと商売繁盛を祈る熊手が所狭しと並び、三本締めの威勢の良い掛け声と拍子木の音があちこちから響き祭りを盛り上げている。

竜二はすれ違った女の子がカジノのウェイトレスだったらしく、楽しそうに話していて気が解れたようで安心する。会話が終わるのを待っていると、向かいからきた顔見知りの太い客に声を掛けられ業界話に花が咲いた。毎回一〇〇〇万円近く勝ち負けする社長は身体が隠れる程の大きな熊手を部下に担がせ、熊手にはおかめ、鯛、千両箱、亀などさまざまな縁起物が飾り付けられている。

「田村君は今、どこの箱にいるの？」

「今はちょっと身体あいてまして次の流れ探っているところです」

「そうなんだ。新しい箱行ったら遊びにいくから声かけてね」

「ありがとうございます。社長みたいなお客さんがいてこそですから」

社長の言葉と縁起物で飾られた熊手を見て、新しい話に乗ってみようかなという気持ちが広がってきた。祭りの喧噪が、話が来たからには行くところまで行きましょうよと言っていた柳井の言葉を増幅させる。この業界に入ってからさまざま場面の最前列に立ってきたが、その顛末がどのようなものになるのか見届けるのが自分の生き方かもしれない。社長と別れ竜二と奥へと進む。

「あっ、あれって田村の同級生じゃなかったっけ？」

竜二の言葉に視線を向けると屋台でお好み焼きを売っている同級生の名畑がいた。挨拶がてら財布を取り出しながら出店へ向かう。

「忙しそうだな。売れてんの？」

声をかけると名畑は凛々しい表情で答えた。

「おう、田村か。そこは商売の邪魔になるから入ってきちゃえよ」

以前より髪を短くした名畑はさっぱりとした雰囲気で所作も板に付いていた。言われるがまま裏から回り竜二と屋台の内側に入る。以前ここで会ってから数年が経過し、名畑はかなりいい場所でお好み焼きを焼くようになっている。カジノでしのぎを削ってきた月日があったように、名畑もテキヤの世界でしのぎを削ってきたのだろうと思わせた。他愛もない世間話をしていると、ふいに思い出したように名畑が言った。

「そういえばさ、担任だったテンパリいるじゃん。あいつ年始に死んだらしいぜ」

テンパリというのは高校二年の時の担任で、女子に囲まれると一杯一杯になることからそう呼ばれていた。まだ五〇代半ばであろう担任を頭に浮かべ、もうこの世にはいないと言われても寂しさが浮かんでこなかった。

「へー、人って簡単に死ぬもんだな」

「お前それはつれねぇだろうが。あいつ俺もそうだけどお前のことすげえ心配してくれてたじゃんか」

「ああ、そうだっけか」

「お前、目つきが悪くて生気がないぞ。ちゃんと寝てんのか？」

カジノを始めた頃は精悍な顔つきになったと言われたが、今はそれを通り越してしまったのか自分の顔つきが気になる。

「まぁ、いろいろあったからな。ちょっと疲れてるのかもしれない」

「とにかくよく寝て、食べることだぞ、これ持ってけよ」

お好み焼きを二つ袋に入れて渡され、金を出すも受け取らない。

「焦がしちゃって客に出せないもんだからよ。俺も店任されてるからにはこんなもんで金取れねぇわ」

この仕事にもいろはがあるんだろうと思いありがたくいただくことにする。

「テンパリの件で、皆で墓参り行くかもしれないから、その時は連絡するわ」

「おう」

裏から出ると「お好み焼きいかがっすかー！」と喧噪を切り裂く大声で叫んだ。驚いて正面から覗くと自分の声で大爆笑している名畑がいた。つられて笑い竜二とお好み焼きを開けると、表面は綺麗に焼けているのに裏面は真っ黒く焦げて少し冷たくなっていた。

3

車に乗り込み夜の歌舞伎町から靖国通りを中野方面へ竜二は当てもなく走らせる。少し回り道をしてから高杉のところに戻るつもりらしい。会話のない車中で竜二が静かに言った。

「田村、店どうする？」

自分でも意外なほど自然に答えが口をついて出てきた。

「考えてみたけどやっぱり引くタイミングかなと思ってるよ」

「そっか、田村と同じ考えになって嬉しいよ。お前が行くって言ったら寂しく感じたと思う」

竜二は一人だけ抜ける流れにならなくて安心した様子が見て取れた。やらないとなればまずは巻き込んでしまっている柳井に話をつけるべく電話をかけた。

「もしもし、田村ですけど今一人ですか？」

「おー、田村君待ってましたよ。今はホテルで一人です。どうしたんですか？」

相変わらず楽しそうに話す柳井に気持ちが解される。

「今度の店あるじゃないですか、あそこ僕向かわなくなったんでまずは柳井君に連絡しました」

「まじすか。寂しいすね。土屋君もですか？」

「竜二もやらないです」

「そうしたら僕の方で何人か手の空いてるディーラー呼んじゃいますね。田村君この後どうするんですか？」

柳井は気を遣っているのか重く考えていないのか無邪気な様子で続けた。

「友人と海外に行く話があったんで、バンコクでも遊びにいこうかと思ってます」

以前の箱で一緒だった太一と、仕事がひと段落ついたらバンコクにいこうと話していた。社長が自殺した後、太一とはしばらく連絡を取っていなかったが、話をすれば乗ってくるかもしれない。

「あ、旅行っすか。これで他の店行くとかだったら裏切られた気分でしたよ。僕は働くと思うんで田村君がこっちいる間に飲みましょう」

柳井への報告が終わり少し気が安らいだ。いよいよ高杉に連絡する番だ。今一度気を引き締めて電話を鳴らすとワンコールで高杉は出た。

「お疲れ様です。田村です」

「おー、たむちゃん。待ってたよ」

電話口に出た高杉の勢いのある声に呑まれそうになる。

「それでなんですけど、今回の話はちょっと自分達は力不足だと思いますんで、辞退させていただきます。すみません。クロスタイは今から届けます」

話を始めると竜二は脇道に入りハザードを出して車を止める。

「そうそう、田村だけは出面三万五〇〇〇で話つけたからどうにかやってくれないかな」

こちらの思いの丈を話すも高杉は金銭面を膨らませてくる。

「すみません。今回は見送らせてもらいます」

「たむちゃん、一回もっと詳しく話そうよ。この後時間取れない？」

きちんと断りを入れるも高杉は言葉を被せてきた。直接会って話せばかなり断りづらくなりそうだと思うも高杉がいるファミレスへ向かうことにした。竜二に場所を告げるとカーナビはおよそ一五分で現地へ着くと示した。少し雨がぱらついてきた靖国通りは車の量も増え、比較的空いている明治通りを進むことにした。

「お疲れ様です。クロスタイ買ってきました」

高杉のいるテーブルには、もう一人銀縁の眼鏡を光らせたスーツ姿の男が座っている。打ち合わせの最中だったのか、テーブルに置かれた紙には色々書き込まれていて、眼鏡の男はこちらの視線に気付くと紙をしまった。高杉の顔を立てる意味を込めて改めて挨拶をする。

「申し遅れました。ディーラーの田村といいます。お取り込み中のところ失礼します」

深く頭を下げると竜二も後に続く。

「君かね、田村君っていうのは。高杉の店での活躍は聞いてる。こっち座りなよ」

眼鏡の男はにこやかに話すと高杉の隣に移り二人分の席を空けた。

「田村、とりあえずそっち座って」

高杉に促され再び頭を下げて竜二と共に腰を下ろす。高杉が呼び出しボタンを押すと店員がやってきてアイスコーヒーを四つ頼んだ。

「それでさ、田村、店の給料はサンゴーにしようと思うんだけれどどうかな?」

三万五〇〇〇円は十分な給料だった。話の通りだとこれに歩合が乗る計算になるので待遇は悪くない。けれどここには話を断るためにきていて、既に高杉もその話は知っている。

「悪くない条件だと思います。その条件ならディーラーは喜ぶでしょうね」

「じゃあ田村達働いてくれるね？」

高杉はそう言うとテーブル越しに肩を掴んだ。

「その話なんですけど。断るためにここまで来ました」

「あれっ、田村達働くんじゃないの？　もう頭数に入れちゃったよ」

意を決して高杉を見ると戯けた様子で笑っている。高杉はこのように会話を差し込み笑いにつなげるのをよく知っていた。普段ならここで笑いが起きるはずだったが眼鏡の男が厳しい眼差しを送っているのでテーブルは沈黙に包まれた。このまま高杉のペースになってしまわないようにクロスタイの入った袋を渡す。

「これ、頼まれてたクロスタイと領収書です。金額のところは空にしてもらいました」

「おー、田村ありがとう。一万円でお釣りある？」

高杉は経費の精算の時には必ず一万円札を出すことがわかっていたので、一万円で払ったお釣りを渡す。

「うちで働いてくれるんじゃなかったかな」

眼鏡の男は空気を切り裂くように低い声を出した。高杉とどういう話になっているのかわからないが機嫌を損ねているようだ。

「田村達どうするの？」

高杉が放った言葉に店で働かないという決意は固くなる。高杉の顔を立ててこの場に出てきたにもかかわらず、高杉が眼鏡の男寄りの発言をしたことで気持ちは冷めた。

「この後、行くところがあるんでそろそろいいですかね？」

男の言葉を無視して高杉に問いかけると高杉は考え込みながらこちらを見た。こちらに非がないこの状態では、眼鏡の男もこれ以上強く出ることはできない。

「田村用事あるんだろ、もう行こうぜ」

横からの声に竜二を見ると竜二は呆れた顔をしていた。働く前から無駄に強く出られたことに不快感を覚えているようだ。ここにいても押し問答が続くだけで進展は見えないと感じそのまま席を立つ。

「失礼します」

竜二と挨拶だけはしっかりしてそのまま背を向けるも男からのそれ以上の言葉はなかった。

4

太一に久しぶりに連絡をするとバンコク行きの話に乗ってきた。呑気なバンコクで遊びつくし、近隣の東南アジアの国々にも足を延ばして三週間程海外に滞在した。帰ると携帯の留守番電話はパンパンになっていて、高杉の声が入っていた。

「おい、たむちゃん。これ聞いたら連絡くれよ。こっち大変なことになってるんだから」

「たむちゃん、留守電聞いてる？　竜二に聞いたらバンコクにいるらしいけどこれ聞いたら連絡してよ」

「おい、聞いてんなら連絡してこいよ、しかとすんなよ、おい！」

あの箱で何かあったに違いない。柳井のことが頭に浮かんだが、まずは竜二に電話をすることにした。

「高杉さんの持ってきた話だけどなにか聞いてる？」

「あー、聞いてるもなにも大騒ぎになってたよ。柳井君の周りの子は警察に走るし、柳井君も入っちゃってるよ」

「えっ、パクられたの？」

摘発とは程遠い箱だと思っていただけにピンと来ない。

「いや、摘発じゃないんだけどトラブルがあってさ。周りの子等は草持って自首して、柳井君はお弁当中（執行猶予中）だったから向精神薬飲みまくって病院にいるらしいよ」

「どんなトラブルか聞いてる？」

問題が起きて警察や病院に逃げたとなると摘発より不穏な空気を感じた。

「高杉さんとは最初連絡取ってたけど、やっぱりあの箱、本職に仕事しかける箱だったみたいで、途中からかなりテンパってたよ。つい三日ぐらい前に電話したら直留守だったから、高杉さん、無事ならいいけど」

　本職同士の共食い箱ならばどんな深刻なトラブルが起こったとしても不思議ではない。バカンス帰りでスーツケースを引いた自分の姿と、東京で起こっていたトラブルの対比に信じられない思いがした。

「柳井君の病院の場所はわかる？」

「松沢病院らしいよ。彼女は何回か行ったって話を聞いた」

　柳井の彼女さんは何度か食事の場で会っているが、ディーラーの彼女さんとは思えない、世間のことをあまり知らないお嬢様だった。

「そっか、竜二、一緒にお見舞いにいかない？　どんなことが起こったのかも気になるし」

　翌日、二人で柳井の入院する病院に向かうことになった。


　病院の敷地はとても広く、巨大な公園ぐらいの大きさがある。車で周囲を回ると敷地内の建物はどれも手入れが行き届いていて、博物館や美術館なのではないかと錯覚させた。車を止め入り口に着くと出入りしている人間のずれた感じからここは隔離施設なのだと感じさせられる。ちぐはぐな服装をしているのは明らかに患者とわかり、たまにいる整った出で立ちの者は見舞いか施設関係者だとわかった。

　竜二は誰かから見舞いには甘いものを持っていけと言われたらしくコンビニで買ってきたケーキ

を手にしている。敷地内に入ると大学名が入ったジャージを着た三〇歳過ぎの男が声にならない奇声を上げ、付き添いの六〇歳手前くらいの母親らしき女性を困らせていた。病院の中に入ってすぐ左手にあった面会受付の職員に話しかける。

「こんにちは、柳井さんの面会にきました」

職員はこちらの話を聞き名簿を調べる。

「すみません、失礼ですがご家族の方ですか?」

竜二と目を見合わせ相手の質問に答える。

「いえ、友人です。家族じゃないと会えなかったりするんですか?」

「この患者さんの病棟は親族の方しか面会することはできません」

仕方がないので礼を言いその場を後にした。

「面会できないならそう言っとけよ」

病院を出て毒突く竜二と近くのベンチに座り、余ってしまったケーキを食べる。

「柳井君病状重いのかな?」

「そうだなぁ、病院に逃げ込んだにしては会えない病棟って気になるな」

晴れやかな晴天とは裏腹に沈んだ気持ちのまま病院を後にした。

二週間程して柳井の彼女から面会できるようになったと連絡が入った。すぐに竜二に連絡をして、再び病院を訪れ受付で柳井を待つ。

少しして抑えめな柄のグッチのセットアップのジャージにサンダル姿の柳井がやってきて、虚ろな目でこちらを見ながらゆっくりとした動作で椅子に座った。

「柳井君、ご無沙汰です。彼女さんに聞いて顔出しました。調子どうですか?」

こちらを見る目に力が感じられないのは薬の影響なのだろうか。少し間を開けて柳井は答える。

「薬漬けにされるし騒がしいやつもいるし大変ですよ」

言葉にも力はないが会話をすることはできそうだ。

「どんな部屋で寝泊まりしてるの?」

「初めは鍵が付いたガッチャン部屋ってところで一人隔離されてました。今は雑居で四人部屋で生活しています」

ガッチャン部屋とは鍵の音を意味してるのだろうか? 柳井は意識して口を大きく開けて話しているようだったが、薬の影響か舌足らずに聞こえる。竜二はそれを感じてか明るい口調でケーキの箱をテーブルに置いた。

「刑務所と似てんのか、これ甘いものよかったら食べてくれ」

「あんまり甘いもん食べると動かないんで太っちゃいそうですけどありがたくいただきます。一つでいいんで皆で食べましょ」

柳井はケーキを一つ取ると箱をこちらに押し出し、竜二と一緒に一つずつ取った。

「手をつけてもらえないと僕も食べにくいんで食べてください」

柳井に言われモンブランを口に運ぶ。

「店で何があったの？」

緩んだおやつタイムの中、一番気になることを尋ねた。

「あそこ、手配箱だったんですけどたまたま前に関西でお世話になった相談役が来て〝なんでお前がここにいるんだ〟ってなっちゃって」

柳井は先程より早口になり、舌がもつれそうになりながらも説明する。

「手配箱に知り合いが来るのは流れが悪いね」

「その時は僕は高杉さんに言って〝顔見知りだから〟って場面に入らないで裏にいたんです。その日は何事もなく終わったんですけど、数日後その流れから連絡が来て〝お前あそこなんかやっとるやろ。わしら勝たせせんかい〟って強く言われて」

柳井を知る稼業が来てしまって勘ぐられてしまうのは仕方ない。板挟みの状況になると仕事ディーラーという立場は危うくなる。

「〇〇会に守ってもらえるんじゃなかったのか？」

竜二は箱の責任はオーナーサイドにあると言わんばかりに詰め寄る。

「あっちを立てればこっちが立たない、こっちを立てればあっちが立たない状況に陥って。これは自分らがいたら火種になると思って皆で話して、うまくフェイドアウトしようってなったんです。

結局うちの子らは警察に捕まりにいって、僕は弁当あるんで知り合いのツテで薬売ってもらってそれを全部一気に飲みました」

◯◯会に話せば「なんであそこを知ってるんだ。下手打ちやがって」となりかねず、関西の相談役に事情を話せば◯◯会を裏切ることになる。傍目から考えても出口のない話だ。

「高杉さんは？」

竜二の質問に柳井は首を横に振った。

「突然、ディーラーが警察に走ったり俺も入院したりでヤバかったと思いますよ。ヤバい雰囲気の留守電がいくつも残っていたけど、怖くて全部は聞けませんでした」

「そうか」

柳井は思い詰めた表情になり、いろいろなことに後悔をしている様子が見て取れた。しかし、こちらの視線を感じたのか、ぎこちないながらも笑顔を作った。

「まだ後一ヵ月くらいはここにいます。でも、出た後ももう東京じゃ働く気はないです」

柳井がすべて話してくれて状況がわかった。柳井と会っていない空白の時間が重く長く感じられた。

「そうなんですか。出る前は柳井君うまくやっていきそうだと思ったんですが、大変な流れに巻き込んじゃってすみませんでした」

「いえ、田村君は悪くないですよ。自分で決めた道なんで。もしよかったら自分の方の子の面倒だけ見といてもらえないですか？　何かあるとあの子らだけじゃ大変なんで」
　柳井の言葉に「わかりました」と竜二の「わかった」が同時に発声された。柳井の頼みとあれば
できる限りのことをしてあげたい気持ちは竜二も同じだ。
「あ、そろそろ時間ですかね。今度は僕からも連絡します。消灯時間以外は公衆電話から連絡でき
るんで。公衆コール出てくださいね」
「出られる日が決まったら迎えにくるんで連絡してください。足が付かないウィークリー借りとき
ます」
　柳井の側の子の面倒見と、出てきて安全に住める場所の提供、柳井周りの一切合切は竜二となら
うまくこなせるだろう。店側がいきなり飛んだ柳井達をよく思っていない流れがどうにか収まって
いることを祈る。
「早く出て一緒に釣りでも行きましょ」
　そう言う柳井の顔からは以前の無邪気な笑顔がわずかながら感じ取れた。

エピローグ

その後、柳井は体調も戻り、病院で言っていたように東京からは離れ、地方都市の大きな箱の二番手に納まった。七、八年はその箱に勤めていたが、昔からの彼女との結婚を契機にディーラーを辞め、常連客が経営するビルの管理会社でサラリーマンをするようになった。しばらく会ってはいないが現在は暇な休日には趣味の釣りを楽しむ生活を送っているという。一緒に釣りにいく約束はいつか叶えたいと思っている。

同じくディーラーの太一は自分と一緒にいった東南アジア旅行で旅の魅力に取りつかれ、現在はさまざまな国を数ヵ月おきに転々としている。連絡を取るたびに違う国に住んでいることが面白く、先日、連絡をするとデンマークにいるという答えが返ってきて、次に連絡をしたときにはコスタリカにいるという返答がある感じだ。仕事は何をしているのかよくわからない。

最も仲良くしていた竜二との付き合いは今も続いている。人当たりもよく機転のきく竜二はカジノの世界では成功し、いくつかの店を繁盛させるまでになったが、ある程度稼いだところで業界からは足を洗い、現在は不動産関係の会社で働いている。最近、日本でも流行し始めたテキサスホールデムは自分も竜二も好んで遊んでおり、戦術や押し引きなどの情報交換をしたり、大会に一緒に参加したりもしている。

そして、稼業の人間同士の手配箱で姿を消した高杉は、しばらく消息がつかめなかったが、ある時、高杉の弟から連絡があった。

「兄貴とは距離を置いたほうがいいと思って連絡しました」

高杉はあの一件で相当キツい状況に追い込まれたようだが、持ち前の明るさとタフネスによって復活し、最終的に組織の人間になったという。高杉の弟はそんな状況の兄と関係することでマイナスがあってはいけないと連絡をくれたのだろうが、高杉とはその後一度食事にいった。高杉は黒塗りの高級車を若い衆に運転させ、颯爽と現れた。明るい性格は変わっていなかったが、その状況からやはり稼業の人間になったのだと感慨を抱いた。昔話に花が咲き楽しい食事になったが、リクルートされるようなことはなく、高杉としても一定の距離は取っているように見えた。

自分はというと、手配箱を断った後も地方箱を中心に働き、その中では大きなグループとの衝突などもあったがディーラーの仕事を続けていた。しかし、十数年ぐらい前から法令の風向きが非常に強いものになってきた。

昔はディーラーは三回目まではお泊りで済むと言われた頃もあったが、今は捕まれば一発起訴となり、現場の人間は腹をくくって働かざるを得ない。自分も弁当持ちになったことでフットワークが重くならざるを得ず、カジノの世界からは少しずつ距離を取るようになった。柳井、太一、竜二などの腕利きディーラー達が足を洗っていることからも、この流れは業界全体に通じるものだと思う。とはいえ濃密な時間を共に過ごした業界人とのコネクションは切れることなく、情報交換をする間柄は継続中だ。

二〇一六年一二月六日、通称「カジノ法案」で知られる「統合型リゾート（ＩＲ）整備推進法案」が可決された。いつになるのか、どこになるのかなどはまだはっきりとはしていないが、そう遠くない未来、日本でも合法的にカジノで遊ぶことができる時代がやってくることは確かだ。カジノは自分の器量を超えない範囲で遊ぶならとても楽しい世界だ。だが一歩間違えれば本書で記したような悲劇が待っていることを忘れないでほしい。カジノがオープンしたらかつてのディーラー仲間と共に出向いて勝利の美酒に酔いしれたいと思っている。

二〇一九年一一月　田村佳彰

カバー・本文写真提供：GOD FIELD

【著者紹介】

田村佳彰（たむら・よしあき）

東京生まれ。40歳前後。カジノディーラーとして30〜40店舗を渡り歩き、新規店の立ち上げや不振店の立て直しなどカジノ業務全般に深く関わる。本書ではこれまでタブー視されていてほとんど語られることがなかった裏カジノの実態を描いた。現在はディーラーの仕事からは一線を引き、地方店舗のアドバイザーや輸出業などを生業にしている。

裏カジノディーラー

2019年12月24日第一刷

著　者　田村佳彰

発行人　山田有司

発行所　株式会社　彩図社
東京都豊島区南大塚3-24-4
MTビル　〒170-0005
TEL：03-5985-8213　FAX：03-5985-8224

印刷所　シナノ印刷株式会社

URL　https://www.saiz.co.jp
https://twitter.com/saiz_sha

ISBN978-4-8013-0415-4 C0095